KB214628

소외된 외로운 복음

그리스도인의
완전한 자유

소외된 외로운 복음

그리스도인의
완전한 자유

지은이 | 유행미
펴낸이 | 원성삼
표지 및 본문 디자인 | 한영애
펴낸곳 | 예영커뮤니케이션
초판 1쇄 발행 | 2024년 4월 3일
등록일 | 1992년 3월 1일 제2-1349호
주소 | 03128 서울특별시 종로구 대학로3길 29, 313호(연지동, 한국교회100주년기념관)
전화 | (02) 766-8931
팩스 | (02) 766-8934
이메일 | jeyoung@chol.com
ISBN 979-11-89887-79-7 (03230)

값 9,000원

모든 인간은 하나님의 형상을 닮은 존귀한 존재입니다. 사람은 인종, 민족, 피부색, 문화, 언어에 관계없이 모두 다 존귀합니다. 예영커뮤니케이션은 이러한 정신에 근거해 모든 인간이 존귀한 삶을 사는 데 필요한 지식과 문화를 예수 그리스도의 사랑으로 보급함으로써 우리가 속한 사회에 기여하고자 합니다.

소외된 외로운 복음
그리스도인의 완전한 자유

유행미 지음

기록된 바 의인은 없나니 하나도 없으며
깨닫는 자도 없고 하나님을 찾는 자도 없고
다 치우쳐 함께 무익하게 되고
선을 행하는 자는 없나니 하나도 없도다
(롬 3:10-12)

나의 신앙, 이대로 좋은가?

예영

　　예수님을 믿고 복음 안에서 자유함을 누린다는 것은 모든 성도들에게 가장 기본적인 문제요, 기초적인 문제라고 생각하고 있다. 그러나 이는 가장 중요한 문제인 동시에 가장 어려운 문제다.

　　실제로 믿음 생활을 오래했지만, 그리고 교회에서 수많은 봉사를 하고 다른 사람들을 돕기도 했지만, 정작 자신의 영적 자유함에 대한 근본적인 질문에 대해서는 분명한 대답을 못하는 사람들이 또한 많은 것이 사실이다.

　　나는 목회 현장의 일선에서 이러한 현상을 너무도 많이 목격해 왔고, 지금도 목격하고 있다. 저자는 바로 이 본질적인 주제에 대하여 자신의 체험을 털어놓으면서 깊이 있게 고민한 흔적을 이 책을 통하여 공유해 주고 있다. 믿음의 여정에 들어선 하나님의 백성이 결코 피할 수 없고, 또 간단히 넘어갈 수 없는 이 진지한 질문에 대하여 저자는 친절하게 안내해 주고 있다.

저자의 질문과 고민의 과정과 성경 말씀을 통한 대답을 읽으면서 독자들은 하나님 앞에서 영적 카운슬링을 받는 체험을 하게 될 것이다. 모든 성도들이 반드시 해야 할 고민과 대답이므로 모두 일독을 하기를 권하는 마음으로 이 책을 추천하는 바이다.

박지웅 목사_ 내수동교회

하나님은 거룩한 분이시다.

이 말은 인간과 완전 구별된 존재이신 하나님을 말한다. 다시 말하면 하나님은 창조주이시고 인간은 피조된 존재라는 것이다. 피조물이 창조주 하나님 앞에 서게 될 때 인간은 죄로 인하여 절망과 좌절을 겪게 된다. 이 책의 저자는 이 책을 내게 된 이유를 여기서 찾는다.

오늘날 수많은 그리스도인들이 교회를 출입하지만 죄에 대한 확실한 개념 없이 대충 알고 있으며 이로 인하여 부질없는 정죄의식이 성도들을 괴롭히고 있다. 저자는 사역 현장에서 느낀 성도들의 고민을 너무나 생생하게 보고 느꼈다. 본인도 30대 초반에 똑같은 길을 걸어오면서 많은 갈등을 했으리라.

몇 년 동안 믿음 생활의 갈등 속에서 하나님은 당신을 드러내 주셨고 저자는 자신의 심령 폐부를 깊숙이 비추시는 하나님을 경험하고 좌절하고 절망하였다. 죄 때문이었다.

성도가 하나님 앞에 좌절하고 절망하지 않으면 진정 예수님을 찾지 않으며 찾을 수도 없다. 그냥 교인으로 적당히 살아간다. 종교인으로 그저 그렇게 산다는 것이다.

이 책은 이러한 오늘의 교회 현실을 사역 현장에서 바라보며 고심 끝에 나온 책이다. 성도는 물론 사역자들에게도 큰 도움이 될 것으로 생각하며 기꺼이 추천한다.

유행은 목사_ 전 선교기지병원 선한이웃병원 원목

약 5년 전 나는 이 글을 썼으나 선뜻 용기가 나지 않았다. 그래서 수없이 생각하고 또 수없이 고민하며 하나님께 물었다.

그 이유는 과연 이 글이 신앙인들에게 꼭 필요한 글일까? 세상에 나오는 수많은 책들, 그중에 읽혀지지 않거나 버려지는 책들 또한 많다. 그래서 이 책이 또 하나의 버려지는 책이 되길 원치 않았다. 그러나 많은 생각과 기도 끝에 결국 이 글을 책으로 낼 마음을 먹었다.

내놓을 만한 경력은 없지만 그러나 내게 주신 하나님의 은혜와 경험들은 그 어느 보석과도 견줄 수 없다고 생각했다.

주일이 되면 이 땅에 많은 교회들 속에 예배드리고 나오는 성도들의 마음들… 그들은 오늘도 무슨 기도를 했을까? 지고 왔던 무거운 마음들, 갈등, 죄책감, 그래서 진실되게, 때론 형식적으로라도 하나의 레퍼토리 같은 반복된 회개를 한다. 하나님 앞에 한 주간 동안 잘 살아드리지 못한 미안하고 죄송한 마음, 그 마음을 내려놓지 못하고 다시 무거운 마음을 가지고 돌아가지는 않을까?

하나님 앞에서 완전한 자유가 없이 반복되는 찜찜한 삶이 계속될 때 성도는 형식적인 신자가 되어버리고 직분에 대한 교만만 남는다.

반면에 성도들이 가지고 있는 죄에 대한 인식은 어느 만큼일까? 너무 궁금해진다. 무엇을 목표로 우리는 가고 있는 것일까? 우리 신앙 이대로 괜찮은 것일까?

하나님 앞에서 자신의 진짜 모습을 보고 싶어하는 이들도 있겠으나 어쩌면 자신의 진짜 모습을 애써 외면하고 나를 드러내기를 두려워하는 마음도 있을 수 있겠다. 왜냐하면 하나님 앞에서 나의 진짜 참된 모습을 보고 나면 그 후에는 분명 많은 것을 포기하고 좁은 길을 가야 하기 때문이니까… 그래서 머리 아프고 복잡한 신앙생활일 것이라 생각되어서… 그래서 애써 외면하고 무조건 열심히 믿고자 하는 마음이 더 클 수도 있겠다.

나도 신앙생활을 하면서 막다른 길에 서 있을 때가 있었다. 열심히 믿고 최선을 다했는데… 그 세월이 결코 짧지 않았는데… 와서 보니 거짓되고 위선적인 삶이 점철되어서 양단간 결정을 내려야만 하는 상황에 부딪혔었다. 그동안 살아온 삶을 버리고 주님이 원하시는 새로운 삶을 선택하려니 그동안 살아온 세월이 아까웠다. 그래서 망설이기도 했다.

그러나 잘못 살아온 인생, 더 이상 가면 나중에는 더 큰 후회를 할 것 같고 미래는 더 불투명해질 것이라는 생각에 과감히 포기하고 하나님의 방법대로 살기를 결정했다. 그 삶은 바로 거짓이나 죄를 버리고 오직 하나님의 방법으로만 사는 것이었다. 그러나 그 길을 선택해도 하루아침에 달라지는 것이 아니기에 죄도 많이 짓고 실수도 많았다. 그러나 어차피 들어서야 했고 다른 길은 없었다.

들어선 길… 덕분에 그 은혜의 끝에 가보는 경험이 있었고 하나님 앞에서 완전한 자유가 무엇인지 알게 되었다. 그래서 결정했다. 내가 받은 은혜, 그리고 참 자유함을 나누리라고.

이 책이 죄에 민감하게 반응하지 못하는 분들이나 죄로 인해 하나님 앞에 당당하게 서지 못하는 그리스도인들이 읽고 참 자유를 소유하길 간절히 기대해본다. 그중에 어느 한 사람이라도 은혜를 경험하게 해달라고 기도하며…

묵혀두었던 이 글을 책으로 낼 수 있도록 용기를 주고 애써준 나의 동생과 지인들에게 많이 고맙고 감사한 마음을 전하고 싶다.

차례

PART 1

자유함에
대하여

이 글을 쓰게 된 이유

저는 30세 즈음부터 이루 말할 수 없는 귀한 은혜를 많이 체험했습니다. 선천적으로 까다롭고, 몸도 약하며, 사소한 일에도 걱정을 안고 사는 예민한 성격을 가지고 태어났습니다.

그러한 저는 24세에 결혼했고, 결혼 후 몇 년간은 조그만 가게도 해보고 기술도 배워보고 이리저리 나름 해보았지만, 조금도 나아지지 않는 어려운 삶으로 인해 앞길이 막막하고, 아무리 계산해 봐도 희망이 없었기에, 그래서 삶을 포기하고 싶을 때도 있었고, 때로는 믿음 생활을 포기할까 하는 생각도 있었습니다. 그러나 전능하신 하나님,

제가 어릴 때부터 열심히 믿었던 하나님은 이 세상의 창조주, 부자이신 하나님인데 나는 왜 날마다 근심 걱정뿐이고 고민뿐인 인생일까? 하나님을 아버지라 부르면서 딸인 나는 왜 이렇게 살아야만 하는가? 라는 생각을 하며, 신앙생활을 포기할 때 하더라도 하나님을 한번 만나봐야겠다, 노력을 해도 하나님이 안 만나주면 그때 믿음을 포기하더라도 늦지 않을 것이다 라는 생각으로 그때부터 교회 강단 아래에 가서 참았던 인생 고통의 설움을 토로하며 많이 울었고, 기도를 시작으로 열심을 냈고, 신앙의 새로운 경험도 했습니다. 기도를 통해 은사도 체험하고, 말씀 속에서 하나님을 만나고, 긴 시간 속에서이지만 십자가의 예수님을 만났으며, 많은 것을 경험했습니다. 그러한 저의 삶은 구원, 그리고 십자가의 은혜, 사랑, 각종 은혜와 은사를 체험했지만, 그 귀한 은혜 중에 또 귀한 것, 완전한 자유함이었습니다.

이 완전한 자유는 많은 은혜 중에 거의 나중에 오게 되었는데 그 느낌은 뿌연 안개가 걷히는 느낌? 신앙의 새로운 세계가 열리는 느낌이었습니다. 거기에는 감추어졌던 복음의 힘이 보였고, 많은 것들에게서 마침표를 찍는 것이었습니다. 그러나 처음에는 대수롭지 않게 생각했으나 점점 제 마음 안의 깊은 곳에서 이 완전한 자유함을 받기까지의 과정들을 타인들과 공유하고자 하는 마음이 컸으며 이 귀한 과정들을 나누고자 하는 열정이 솟아오르기 시작했고 오랜 시간 생각 끝에 글을 쓰게 되었습니다.

자유란 무엇인가?

보통 자유라는 말을 풀어볼 때 여러 가지로 생각해볼 수 있겠지만 한글 사전에 보면 자유란 '무엇에 얽매이지 않고 자기 마음대로 행동하는 일, 또는 그러한 상태'를 말합니다.

다시 말하면 '그 어느 것에도 구애받지 않음인데' 세상에서의 자유는, 우리는 지금 자유로운 세상에 살고 있지만, 가령 감옥에 있는 죄수는 자유로운 몸이 아닙니다. 그렇지만 감옥에서 세상으로 나오면 그때는 자유한 몸이 됩니다. 수갑이 그를 다스리지 못하고, 가고 싶은 곳 다 갈 수 있고, 먹고 싶은 것 다 먹을 수 있습니다, 모든 얽매였던 구속으로부터 벗어나는 것이 자유입니다.

그리스도인의 자유란?

그럼 그리스도인의 자유는 무엇을 말하는 것일까요? 그리스도인의 자유는, 영적 구속으로부터 벗어나는 자유입니다. 영적 구속이란? 죄, 사탄, 율법으로부터의 구속, 즉 정죄를 말합니다.

죄, 사탄, 율법이 우리를 어떻게 정죄할까요? 죄가 나를 다스립니다. 즉 원치 않는데 죄를 자꾸 짓게 되고. 누가 미워하고 싶을까마는 미운 마음이 들고, 서운한 마음이 들고, 화가 나고, 원수 갚고 싶고, 항상 내 이익이 먼저이고, 내가 중심이 되어야 하고, 인정받지 못하면 속상하고 등등… 이 외에도 이루 말로 다할 수 없는 죄가 많이 있습니다.

"의인은 없나니 하나도 없으며 깨닫는 자도 없고 하나님을 찾는 자도 없고 다 치우쳐 함께 무익하게 되고 선을 행하는 자는 없나니 하나도 없도다 그들의 목구멍은 열린 무덤이요 그 혀로는 속임을 일삼으며 그 입술에는 독사의 독이 있고 그 입에는 저주와 악독이 가득하고 그 발은 피 흘리는 데 빠른지라 파멸과 고생이 그 길에 있어 평강의 길을 알지 못하였고 그들의 눈 앞에 하나님을 두려워함이 없느니라"(롬 3:10-18)

그래서 죄를 짓거나 죄가 드러나면 내 마음이 편치 않습니다. 너는 예수 믿는다는 사람이 그렇게 말하면 되니? 또 그렇게 살면 되니? 이렇게 우리를 정죄하는 세력이 있습니다.

하나님은 성경말씀에 하나님을 제 일로 사랑하라고 하시고, 또 서로 사랑하라고 하시고, 원수도 사랑하라고 하시고, 네 이웃을 네 몸과 같이 사랑하라고 하시는데 그게 될까요? 어느 기간, 아니면 어느 상황에 따라서는 될 수도 있습니다. 그러나 항상 되는 것은 아닙니다. 또 될 때는 편안한데 안될 때는 마음이 편치 않습니다. 그럴 때 사탄이 나를 정죄하고. 또 때로는 내가 나를 정죄합니다.

또 하나님의 말씀인 율법은 뭐라고 할까요? 하나님의 율법은 크게 두 가지로 나눌 수 있습니다. "하라"와 "하지 말라"입니다. 율법은 일종의 하나님의 성품을 적은 것이기 때문에 완전합니다. 그리고 그 율법은 나에게 완전을 요구합니다. 하나님의 말씀에 "그건 죄라고 되어 있어" "하면 안돼" "가면 안돼" "화내지 마" "속상해하지 마" "미워하지 마" "서운해하지 마" "욕심부리지 마" "교만 하지 마" "하나님이 거룩하니까 너도 거룩해야해" 등등… 이런 것들을 지키며 살려할 때 지킬 수 없는 우리는 늘 괴롭습니다. 그리고 하나님의 말씀을 알면 알수록 신앙 양심은 더욱 살아나 우리를 힘들게 합니다. 죄를 보는 기준은 더 세미해지고, 신앙이 성장하면 할수록, 어떤 때에는 예전보다 더 못한 자신을 보면서 더 괴롭고 힘들어집니다. "믿음 생활을 해도 조금도 나아지는 것이 없구나" "예수를 믿는 것과 안 믿는 것의 차이는 뭘까?" 하면서 의심이 들기도 합니다. 이런 것들이 영적 구속입니다.

그러면 영적 자유는 무엇일까요? 위에서 말한 것들에서 구속받지 않아야 영적 자유라고 말할 수 있겠습니다. 그리고 이제부터는 자유 앞에 참 자를 붙여서 참 자유나 완전한 자유로 말씀드리겠습니다.

완전한 자유함을 체험한 후

완전한 자유함을 체험한 후에, 저는 하나님의 인류를 향한 마음이 이해가 되었습니다. 온갖 죄로 하나님의 심판을 피할 수 없는 인간들에게 독생자 예수 그리스도를 내어주시고, 짐승처럼 찢기게 하시고, 물과 피를 흘리고 죽게 하심을 계획하셨기에, 그 모습을 그저 바라볼 수밖에 없었던 하나님의 마음이 이해가 되었습니다.

지금까지는 십자가의 주님으로 인해 온 은혜들이 구원의 감격과 감사라고 한다면, 온전한 자유함이 온 후에는, 공짜 구원을 허락하신 하나님의 마음도 충분히 이해가 되었고, 하나님이 인간들에게 주신 구원이 완벽한 것임을 알게 되었으며, 이렇게 완전한 계획 속에서 열어 놓으신 구원의 여정이 참으로 귀했고, 하나님의 경륜에 박수를 쳐 드렸으며, 구원이 이렇게까지 가치 있는 것인 줄 몰랐다고 말할 수 있겠습니다.

이미 받은 구원이었지만 당연히 때로는 뻔뻔하게 스스럼없이 받아들이는 체험을 했고, 살아가는 매순간 특히 연약함이나 죄가 드러나는 상황에서도, 뒤끝이 남지 않는 완전한 자유함과, 이 같은 죄인을 구원해 주신 구원의 감사로 이어지는 경험을 맛보았습니다.

이것은 하나님이 베풀어 주시는 구원의 또 다른 매력이라고 생각해 봅니다.

그 이후로 저는 많은 그리스도인들이 이 귀하고 보배로운 은혜를 함께 가졌으면 하는 간절함을 갖게 되었고, 심장의 빠른 박동과 요 동치는 두근거림이 내 속에서 그치지 않게 되었습니다. 죄로 인해 마땅히 지옥에 떨어져야 하는 인간들에게 주신 구원, 그 구원 안에 있는 완전한 자유함, 이것을 누려야 참 구원의 의미가 마무리된다고 생각합니다.

●
내가 느꼈던 성도들의 상태

그러나 제가 신앙생활과 사역 가운데에서 느꼈던 성도들의 상태 는, 이 엄청나고 기가 막힌 은혜를 모르는 분들이 의외로 많은 것을 알게 되었고, 그 이유로는 여러 가지가 있겠으나 대부분 교회 부흥과 물질 축복의 갈망이나 문제 해결에 가려져서, 복음의 핵심인 십자가 의 은혜 안에 있는 죄와, 용서와 회개, 자유함 등의 복음에 대하여 소 홀하였기 때문이라 생각됩니다.

특히 자유함의 복음은 죄로 인해 힘들어 하는 성도들의 답답함을 말씀 속에서 그 과정을 손에 잡히듯이 알려줘야 한다고 생각하는데, 자유함에 대하여, 죄의 문제에 대하여 깊이 이야기할 수 있는 교회가 많지 않음도 알게 되었습니다. 또한 개개인의 이런 답답해하는 문제는 깊이 들어가고자 하면 자칫 이단시되거나 그냥 믿으라는 식의 경우가 많은 것 같고, 아니면 개인 스스로 해결해야만 하는데 성도 개개인이 해결하기에는 너무 어려운 문제라고 생각됩니다.

신앙생활을 오래 한 분들의 경우를 보면, 많은 분들이 예수님을 영접한 후 죄와 사망과 심판에서 해방됨을 믿지만, 순간순간 찾아오는 죄의 성품들로 인해 감히 하나님께 당당하게 서지 못하며, 하나님 앞에 서면 완전한 용서를 체험하지 못해서 괴로워하는 것도 성도들의 실상입니다. 십자가의 복음은 구원받을 때 뿐 아니라, 그리스도인의 삶의 모든 영역에서 필요한 폭 넓은 복음이며, 우리 인생의 삶 속에 십자가의 복음이 적용이 안 되는 것은 없습니다. 그리고 자유함은 우리가 일상 속에서 실수나 부족함, 연약함이나 죄를 느낄 때, 그래서 주님을 의식하거나 하나님을 대할 때 꼭 필요한 하나님의 선물이라고 생각됩니다.

메시아를 갈망했던 이스라엘

2천여 년 전 그토록 메시아를 갈망했던 이스라엘 백성들에게 보내진 메시아는 사람들의 환영과 환대 속에 태어난 왕족 메시아가 아닌 마구간에서 태어난 비천한 모습의 메시아였습니다. 아무도 인정하고 싶지 않은 음지와 같은 환경에서 자라고 사역을 펼치셨던 우리의 주님 예수 그리스도, 그토록 기다리던 메시아의 모습이라고 인정하고 싶지 않아 종교 지도자들이 메시아를 십자가에 못 박아 죽였습니다.

"나사렛에서 무슨 선한 것이 날 수 있느냐"(요 1:46)

라고 반문한 나다나엘과 같은 마음이 그 당시 보통 사람들의 생각을 대변해 주었다고도 생각합니다. 그러면 현대를 살아가는 신앙인들은 어떤가요? 지금 우리가 사는 세상은 점점 더 화려하고 물질만능을 추구하며, 상대적 빈곤에 속상해하고 더 가져야만 직성이 풀리는… 이 시대에 우리 믿는 자들도 세상 사람들과 별반 큰 차이는 없습니다. 오히려 예수 믿는 사람들은 구원받아 천국도 가고, 또 이 땅에서는 범사도 잘되고… 어쩌면 불신자들보다도 더 이기적이고 욕심쟁이일 수도 있습니다. 그러나 그것을 탓하거나 허물하고 싶지는 않습니다.

"사랑하는 자여 네 영혼이 잘됨 같이 네가 범사에 잘되고 강건하기를 내가 간구하노라"(요 3서 :2)

이 말씀처럼 하나님은 우리 믿는 자들이 범사에 잘되기를 원하신 다고 생각됩니다. 그리고 저 역시 범사에 잘되는 복을 받았습니다. 다만 제가 이야기하고 싶은 것은, 계속 앞만 보고 달려온 우리의 삶속에서 조금만 옆으로 눈을 돌려봤으면 하는 것이고, 대중들이 선호하는 축복의 말씀보다는 겉으로는 빛이 나지 않아 보이지만 진짜 빛을 간직하고 있는 십자가의 복음, 그 안에 있는 자유함의 말씀이 많이 전해지고 사모해지기를 기대합니다.

그리고 중요한 것은 지금도 그때와 다름없이 우리의 마음을 채워주는 그리스도를 성도들은 갈망합니다.

저는 이 귀한 십자가의 복음이 다른 그 무엇으로 가려지거나 천대받아서는 안 된다고 생각하며, 제가 체험했던 그리스도 안에서의 참 자유를 소유하고 누리게 된 과정들을 나누고 싶은 마음에 이 글을 쓰게 되었습니다.

한 가지 양해를 구할 것은, 이 책을 읽는 독자들을 생각하다보니 이해를 돕기 위해서 반복되는 내용이 있습니다. 이해하시고 읽으시기를 바랍니다.

교회 부흥과 물질 축복도 그리스도 안에 있는 것이므로 당연히 중요시 되어야 할 것이고 하등시하면 안되겠지만, 그러나 그것들은 눈에 보이는 것들이고, 이 땅에서만 필요한 것이지만, 십자가의 복음은 우리의 내면을 채우고, 내면의 문제를 해결하는 것이며, 천국까지 가져가는 것이기 때문에 더 중요하다고 생각합니다.

이 시대를 살아가는 제 나이 또래의 대부분의 사람들이 그렇듯이 저도 가정 형편이 어려워 생활에 어려움을 많이 겪었고, 힘든 일도 많았지만, 하나님이 주시는 은혜가 커서 오늘 이 순간까지 은혜를 누리는 귀한 삶을 선물로 받았습니다. 내가 받고 체험한 많은 은혜 중에 최고는 십자가의 은혜, 그리고 클라이막스는 완전한 자유함이 었습니다.

내가 알고 있는 신앙인들의 대부분은 그리스도의 자유함에 대하여 여러 반응을 보였으나 그중에는 전혀 관심이 없는 사람들도 있었습니다.

내 주변의 신앙인들 대부분은 구원의 확신은 있었으나, 완전히 담대하게 고백하지 못하는 분들도 많았고, 그리스도인의 자유가 무엇인지 이론적인 뜻은 알지만, 당당하게 고백하는 사람은 그리 쉽게 찾아볼 수가 없었습니다.

또한 자유함을 가지고는 있되 온전한 것은 아니지만 어느 정도 누리고 있다고 고백하고 있는 사람들도 있었는데, 그 이유로는 완전한 자유를 고백이라도 하면 하나님 앞에서 뻔뻔한 자신을 용납하기 어려워하는 것 같았습니다. 그런 분들은 적당한 자유를 가지고 살아가는 것이 오히려 하나님 앞에서 겸손이고 미덕이라고 생각하는 것 아닐까요?

또한 대부분 많은 신앙인들은, 자기의 편의에 따라서 적당히 착하게 살려고 노력하고, 적당히 회개하며, 신앙생활은 이런 거려니 하고, 그래도 예수 믿기 전 모습들보다는 많이 착해진 자신을 위로하며, 구원은 이미 받아놓은 거겠다… 그러니 열심히 봉사하고 헌신하는 걸로 대체하고자 하는, 적당주의로 살아가는 분들도 많았던 것 같습니다.

그리고 참 자유가 구원과 함께 하나님이 주신 큰 선물이라는 것을 모르고 있었고, 어떤 분들은 그리스도인의 자유라는 단어는 알고 있었으나 실제로 자기는 자유하지 않다고 고백했었고, 알고는 싶은데 이미 믿은지 오래된지라 어디 가서 함부로 말을 꺼내기가 쉽지 않으며, 그렇다고 특별히 배울 기회가 있는 것도 아니라고 했었고, 때로 어떤 분들은 자유라는 은혜에 관심이 전혀 없는 분들도 있었습니다.

●

성도가 죄에서 자유함을 갖지 못하는 이유

대개의 교회는 예수님을 영접하는 순간에 우리는 죄와 사망과 심판으로부터 해방되었고 자유함을 누린다고 말하지만, 그렇다고 그 말씀을 들은 사람들이 바로 참 자유를 경험하지는 못한다고 봅니다.

왜냐하면 진정한 자유는 죄의 문제와 관련이 있는데, 구원받았다고 그 순간부터 갑자기 천사가 되는 것도 아니고, 죄의 습성이 우리에게 여전히 남아 있기 때문에, 죄와 함께 더불어 사는 이상 뻔뻔하게 자유하지는 못하기 때문입니다.

저의 경우는 신앙초기부터 어느 정도 부분 부분적으로 자유했기에 그게 전부인 줄 알았으며 완전한 자유는 생각해보지도 못했었고 크게 관심을 갖지도 않았습니다. 그러나 완전한 자유가 오고 나니 '아, 이런 것도 있었구나' 하는 생각을 가졌습니다.

만일 죄를 지으며 사는 찜찜함이 있는데도 불구하고, 하나님 말씀에 자유하라고 했으니, 죄는 묵인한 채 자유함 만을 추구하고 살면 어떻게 될까요? 그렇게 되면 그 사람은 죄를 보는 기준이 점점 탁해지고, 양심은 더 굳어져서 방종하거나 죄를 먹고 마시게 될 것이기 때문에 아주 위험한 것입니다. 한 예를 들어보면, 저는 예전에 죄에 대한 문제는 해결하지 않은 채 자유함만을 강조한 나머지 죄를 마음대로 짓고 나중에는 회개를 하고 싶어도 회개가 안 되는 사람을 본 적이 있습니다. 참으로 무섭고 안타까운 일입니다.

어떤 이단 교단은 한 번 구원받았으면 과거·현재·미래의 모든 죄가 다 용서되었으므로 심판도 받지 않으며, 이제는 죄를 지어도 죄하고는 아무 상관이 없고 회개할 필요도 없다고 가르치는 곳도 있습니다. 이 말이 어떤 경우로 보면 맞는 말인 것 같지만, 죄와 아무 상관이 없는 것이 아니라 죄와 연결된 심판과는 상관이 없는 것이며, 회개할 필요가 없는 것은 더더욱 아닙니다. 회개는 그리스도인의 내적 성장에 꼭 필요한 것이라고 말할 수 있겠습니다.

여기서 꼭 짚고 넘어가고 싶은 말은 우리가 예수님을 영접하는 순간에 받은 구원은 칭의의 구원이라고 말할 수 있고, 칭의의 구원을 받은 후에 우리는 성장하는 과정으로 들어서야 하며 다른 길은 없습니다.

"두렵고 떨림으로 너희 구원을 이루라"(빌 2:12)

이 성장 과정 속에서 죄 된 우리의 모습들이 보이게 되는데, 실제적인 죄의 습성 속에서 죄의 문제가 해결되어야 하며, 그렇지 못할 때에는 진정한 자유는 오지 않습니다. 즉 죄와 싸우는 과정인데, 저의 경우는 그 과정이 그리 짧지는 않았습니다. 좀 힘들지만 우리가 한눈만 팔지 않으면(저는 잘 몰라서 중간중간에 한눈을 많이 팔았습니다) 이미 용서된 약속의 말씀을 붙잡고 가다 보면, 십자가의 주님을 만나는 과정이 기다리고 있습니다. 이 과정 속에서 우리는 세상적인 습관들과 생각들을 버리는 과정도 지나가게 되고, 자기와의 싸움도 하게 되고, 성격에 따라 별의별 과정을 지나가게 됩니다. 자아가 죽는 과정입니다.

그리고 중요한 것은 조금 천천히 가는 사람도 있고, 좀 빨리 가는 사람이 있을 뿐이며, 칭의의 구원을 받은 자들이라면 누구나 가야하며, 누구나 갈 수 있고 이 과정을 가는 과정에서 자유를 누리게 되는데, 이 과정에서 이미 자유하다는 성경말씀의 하나님 약속을 믿고 가다 보면 완전하게 누리는 자유는 아니더라도 어느 정도 자유를 누리면서 가게 됩니다.

그리고 결론은 가끔 오는 자유가 아니라 완전한 자유를 누리는 것이 맞습니다. 그러나 실제로 가다 보면 그 과정은 조금 길어질 수밖에 없고 세월이 필요합니다.

"그러므로 이제 그리스도 예수 안에 있는 자에게는 결코 정죄함이 없나니 이는 그리스도 예수 안에 있는 생명의 성령의 법이 죄와 사망의 법에서 너를 해방하였음이라"(롬 8:1-2)

그래서 저는 우리가 가는 신앙의 길에서 자유함을 잘 모르거나, 알지만 가는 길에서 방황하는 분들에게 조금이라도 도움이 되면 좋겠어서, 제가 구원받고 완전한 자유가 오기까지 그 과정을 이글을 통해 함께 나누고 싶고, 이 과정을 가는 분들이 너무 힘들어서 때로는 좌절과 신앙에 대한 포기도 하고 싶을 때도 제 경험이 도움이 됐으면 좋겠습니다. 저는 이글이 신앙생활을 하는 분들이 죄로 인해 답답할 때 시원하게 해주는 말씀이 되기를 바라는 마음으로 글을 썼습니다.

●
그러면 그리스도인들에게 참 자유가 오면 어떤 것을 보너스로 받는지 내가 경험한 것을 말하고 싶습니다.

첫째, 왜 구별되게 살아야 하는지 그 이유가 분명해집니다. 그래서 하나님이 거룩하시므로 나도 하나님의 자녀인 만큼 하나님을 닮아가고 싶은 목표가 분명해집니다. 이런 목표는 많은 분들이 구원 초기에도 생깁니다. 다만 더 확실해집니다. 또 죄를 거부하거나 싫어하는 힘도 생깁니다.

둘째, 죄가 드러나도 사탄의 정죄를 받지 않으니 늘 편안합니다.

셋째, 그리스도인의 자유함을 만일 서열로 말한다면 죄, 사망, 율법의 역할보다 더 위에 있습니다. 그래서 자유함은 늘 우리를 당당하게 만들어주며 그 어떠한 법칙에도 눌리지 않습니다.

넷째, 신앙의 성장이 올라갔다 내려갔다 하거나 한자리에서 빙빙 도는 것이 아니라 계속 성장하게 됩니다. 또한 하나님의 은혜로 깊이 들어가는 길입니다.

다섯째, 구원받은 자가 가야 하는 필수 코스이며 동시에 하나님이 구원받는 모든 자에게 주시는 특권입니다.

여섯째, 자유함이 온전히 임하면 하나님의 구원의 섭리가 다 보입니다. 그래서 스스럼없이 받아들이는데 그 차원이 다릅니다. 내 죄가 아무리 많아도 그리스도의 사랑과 하나님의 약속의 말씀으로 능히 다 해결됩니다. 그것은 누가 가르쳐서 아는 것이 아니라 믿음으로 다 보입니다. 거부하거나 거절할 수가 없습니다.

일곱째, 세상을 다 가진 것 같은 구원의 가치를 알게 되므로 귀하게 여기게 되며 하나님을 찬양할 수밖에 없습니다.

여덟째, 완전한 자유를 경험하면 죄가 드러나도 회개하지 않을까요? 회개합니다. 그러나 이전과는 다르게 회개합니다. 더 깊이 회개하고 더 많이 마음 아파하고, 죄를 더 많이 미워합니다. 그러나 평강입니다. 감사이며 시원함 그 자체입니다. 죄가 크게 다가오면 올수록 은혜는 더 커집니다.

아홉째, 완전한 자유가 온 후에는 성화의 개념이 새로워집니다.

PART 2
＿＿＿＿

죄
회개
은혜

성경에서 말하는 상식이 아닌,
보통 우리가 그럴 것이다 라고 생각하며 알고 있는 신앙 상식

보통은 한 성도가 복음을 통하여 구원을 받고 나면 우리는 구원과 함께 죄와 사망에서 해방되었음을 가르칩니다. 그러니까 이 큰 구원을 주신 주님의 은혜에 감사하며, 이제는 나를 위하여 몸 버려 피 흘리신 주님에게 보답하라는 뜻으로 여러 가지 임무가 주어지는데, 그게 바로 영적 성장이라고 가르치며, 영적 성장이란 대부분 말씀 묵상과 제자훈련 같은 성경공부, 그리고 기도 많이 하고 주의 일에 대하여 봉사하고 전도하고 등등… 섬기는 코스로 들어가게 됩니다. 이게 틀린 것은 아닙니다. 기도를 많이 하면 그에 따른 은혜와 은사가 오니 좋고, 성경공부 많이 하면 신앙의 체계가 잡히고 여러 가지 신앙의 성장이 있으니 꼭 필요합니다. 그러나 그 모든 것과 함께 죄의 문제를 많이 다루어야 합니다. 이제 구원받았으니 죄는 나하고 전혀 상관없고 열심히 믿기만 하면 되는 것이 아니라, 내가 어떤 죄인이었는지, 내가 어떠한 가운데서 구원을 받았는지, 내가 받은 구원이 얼마나 가치 있는 것인지, 그것을 알아야 예수님의 은혜도 알게 되고 하나님이 우리를 향한 사랑의 깊이와 넓이를 알게 됩니다. 그래야 은혜로운 섬김도 가능합니다.

다시 말해서 죄와 사망에서 해방됨을 선포하는 동시에 자유로워야 하지만, 믿음으로 자유를 선포하되 우리에게 남아 있는 죄의 습관들, 반복되는 죄의 행태들과 싸우는 과정을 통과해야 합니다. 이 과정이 꽤 길 수밖에 없는데, 우리의 죄의 뿌리는 엄청 악착같고 끈질겨서 회개해도 또 나오고 또 환경이 바뀌면 또 나오고⋯ 죄는 죽을 때까지 무시할 수 없는 존재라고 생각하면 맞을 것입니다.

여기에서 이해를 구하고 싶은 말씀이 있습니다. 우리가 보통 행해지는 교회 안에서의 봉사와 섬김은 많이 할수록 좋은 경우가 있는데 그 이유는 봉사와 섬김 자체가 영적 성장이라기보다는 섬김 과정에서 나 자신의 죄 된 모습이나 실체를 볼 수 있는 기회가 많아지기 때문입니다. 교회는 서로 은혜가 필요한 분들이 공동체를 이루어서 하나님을 알아가고 믿음이 성장하기 위한 모임이 많기 때문에, 좋은 모습만 있는 것이 아니라 의견충돌이나 여러 가지 불협화음이 일어날 수가 종종 있습니다. 그럴 때 다른 사람의 모습을 보면서 좋은 모습은 배우게 되고, 안 좋은 모습은 보면서 내 모습이 비춰지기도 하고, 나 자신을 보는 기회가 많아지게 됩니다.

때로는 교회 안에서 나는 누구누구가 싫어서 교회에 가기 싫다고 하는 분들이 가끔 있으시더라도, 다양한 성품과 신앙을 가진 분들과 어우러지면서, 때로는 비방이나 용납 못하는 등 여러 가지 모양의 나의 죄 된 모습을 보면서 오히려 은혜를 접할 수 있기 때문에, 교회를 가까이 하는 것이 좋다고 생각합니다.

혼자서 예수 잘 믿는 신앙은 테스트해 볼 기회가 없기 때문에 저는 권장하지 않습니다.

제 이야기를 해서 죄송한데 저도 교회 생활 속에서 정말 힘든 분들을 만날 때도 있었습니다. 그럴 때 시험에 들기도 했으나 시험에 들고 나면 늘 불평이 나오고 답이 없습니다. 그때 하나님이 주신 은혜가 있었는데, 그분들은 저의 스승이라고 알려주셨습니다. 하나님이 붙여주신 저의 스승입니다. 그분들이 아니었으면 저 자신의 실체를 볼 수 없었기에 그분들이 오히려 은인이요, 감사한 분들이 되기도 했었습니다.

그런 경우는 가정에서 남편이나 아내가 스승이 되기도 하고, 자녀들이 스승이 되기도 하지요. 우리는 어떤 여건이든 하나님이 주신 환경으로 인정하고 어떻게든 발판으로 삼고 이겨내면 성장하게 됩니다.

그리고 많은 성도들이 강단에서 죄 이야기만 나오면 엄청 싫어합니다. 그러면 안 됩니다. 아무리 내가 죄 이야기를 싫어해도 나는 여전히 죄의 모양을 먹고 살기 때문에 그 죄는 내 것이기 때문입니다.

또한 구원을 경험한 성도들의 현실은, 예수님을 영접한 의인이라고 가르치고 인정되기 때문에, 죄 이야기를 자꾸 하면 싫어할 수밖에 없습니다. 그러나 신앙생활을 하면 할수록, 하나님을 알아 가면 갈수록 죄의 기준은 더 세밀해지고 양심은 더 살아나기 때문에 죄가 더 잘 보이고, 잘 보이는 만큼 점점 자책이 오고 마음이 힘들어집니다. 그런데 그것이 정상입니다. 그리고 그것을 역으로 생각하면 죄가 많이 보이는 만큼, 내가 받은 용서의 크기도 커지고, 구원의 의미가 더 귀해지고, 구원의 감격도 더 크게 다가오는 것입니다. 따라서 하나님의 사랑도 점점 크게 다가오는 것이지요. 죄로 인해 용서를 체험하는 것은 하나님의 사랑을 깨닫는 것과 비례한다고 말하고 싶습니다.

누가복음에 빚을 탕감 받은 자의 비유가 나옵니다.

"이르시되 빚 주는 사람에게 빚진 자가 둘이 있어 하나는 오백 데나리온을 졌고 하나는 오십 데나리온을 졌는데 갚을 것이 없으므로 둘 다 탕감하여

주었더니 둘 중에 누가 그를 더 사랑하겠느냐"(눅 7:41-42)

베드로는 "많이 탕감 받은 자"라고 했고, 예수님은 "그렇다"라고 했습니다. 혹시 죄가 많은 사람은 많이 용서 받은 자이고, 죄가 적은 자는 적게 용서 받은 것이라고 생각하는 분들은 없으시겠지요?

우리는 죄 적은 자가 따로 없고, 죄 많은 자가 따로 없으며, 모두가 똑같이 십자가의 강도들같이 심판 받고 십자가에 매달려 죽어야 하는 죄인들인 것입니다.

만일 이 말에 동의가 어렵고 부인하고 싶으시면, 하나님께 내가 어떠한 죄인인지, 내 실제의 모습을 보고 싶다고 기도하신 후, 오늘부터 두 눈을 똑바로 뜨고, 나 자신의 말하는 것과, 마음먹는 것, 생각하는 것들을 잘 관찰하시면, 내가 얼마나 죄를 많이 지으며 사는지, 잠자는 시간만 빼놓고 죄 가운데 빠져 있다는 것을 보실 날이 있으실 것입니다. 그렇게만 되면 엄청난 은혜를 폭포수처럼 받으실 것입니다.

결국 예수님과 베드로의 대화를 생각해 보면, 같은 구원이지만, 나의 죄악된 모습을 보면서 내가 받은 구원의 가치를 알고, 하나님의 은혜를 깊게 경험하는 자는, 결국은 많이 용서 받은 자이고, 용서를 많이 깊게 체험할수록 구원의 감격은 더 커질 것이며, 하나님을 많이 사랑하게 되는 것입니다.

그러니까 구원의 감격은 처음 구원받은 날이나 그 시기에만 있는 것이 아니라, 죽을 때까지 죄가 드러날 때마다 주님의 십자가가 더 놀랍고 더 크게 다가오기에, 더 크고 더 깊은 용서 된 감격이 있다고 말할 수 있겠습니다.

그러니 앞으로는 죄가 드러나더라도 깜짝 놀라거나 좌절하지 말고, 이러한 나에게 죄를 깨닫게 하시고 용서하셨고 구원을 주신 하나님께 감사하면 됩니다.

만일 신앙인들 중에 예전에 받은 구원의 감격이 사라지거나 약해져서 다시 그 은혜를 체험하고 싶은 분이 있다면, 그분은 처음 받은 구원의 사건을 마음 어느 한 곳에 묻어두고 더 성장하고픈 순수한 마음에, 새로운 은혜를 받으려고 노력했거나, 구원의 은혜가 너무 커서 주님께 돌려드리고 싶어 봉사와 섬김으로 일관했을 가능성이 크다고 생각합니다.

그런 분들은 세월이 흐른 후에는 처음 구원받았을 때 가졌던 하나님에 대한 사랑이 식어짐을 느끼게 되는데, 그렇게 되면 시간이 흐른 후에는, 기쁨으로 했던 섬김과 봉사가 형식이나 억지가 될 수 있고, 마음이 갈급해짐을 느끼게 됩니다. 그래서 구원의 감격이었던 첫사랑을 회복하기 위해서 여기 저기 기웃거리게 되는 경우도 있는데, 하나님이 우리에게 주신 구원은 죽을 때까지 은혜의 수단이며, 구원받은 이후에는 죄를 통하여 더 십자가로 가까이 가는 경험을 해야 합니다.

그러면 절대로 은혜가 마르지 않으며, 환경이 아무리 바뀌어도 거기에 휩쓸리지 않습니다. 요한복음 4장에는 사마리아 여인과 예수님의 대화가 나오는데 예수님은 사마리아 여인에게 말씀하셨습니다.

"이 물을 마시는 자마다 다시 목마르려니와 내가 주는 물을 마시는 자는 영원히 목마르지 아니하리니 내가 주는 물은 그 속에서 영생하도록 솟아나는 샘물이 되리라"(요 4:13-14)

이때 예수님은 성령을 말씀하셨는데 결국 예수님의 부활 후에 성령이 오셨고, 오신 성령님은 십자가의 예수님을 증거 하시고 우리를 십자가의 은혜로 인도하십니다. 십자가의 예수님은 언제나 용서와 희생과 사랑으로 역사하셔서 그 예수님을 만나면 늘 용서를 체험하고 사랑을 체험하므로 우리의 심령이 살아있고 메마르지 않게 됩니다.

●

정죄에 대하여

정죄에 대한 말씀을 잠깐 나눌까 합니다. 위에서 잠시 언급한 바와 같이 강단에서 목사님이나 사역자들이 설교할 때, 듣는 성도들이 죄이야기를 하면 싫어한다고 말했는데, 그 이유로는 여러 가지가 있겠으나 율법적인 설교 탓도 있다고 말하고 싶습니다.

율법 하면 당연히 따라다니는 것이 있는데 그것은 정죄입니다. 제가 이 과정을 지나면서 한 가지 깨달은 것이 있는데, 설교자가 설교할 때에도 그렇고 부모가 자녀를 양육할 때에도 그렇고 "해라", "하지 마라", "이렇게 살아라" 하는 내용에는, 상대방이 성도 또는 개인을 정죄하는 것으로 받아들이기 쉽기 때문에 마음을 닫게 됩니다. 특히 하나님 앞에 자유함이 없는 설교자는 본인이 율법에 묶여 있기 때문에 성도들에게 하나님 말씀을 전할 때 율법적인 설교를 하게 되며, 율법을 전할 때에는 용서와 은혜가 함께 들어가야 하는데, 그렇지 못하면 설교를 통해서 계속 지적만 하지 답이 없게 됩니다. 그래서 처음에는 울면서 회개를 하던 성도들도 나중에는 강퍅해지고, 죄를 지적하는 말씀들을 기피하게 되며, 오히려 겉으로 말은 안 해도 설교자를 향하여 "당신이나 잘하시오. 당신도 못하는 것을 우리에게 요구하지 마시오" 라는 메아리 없는 피드백을 하게 됩니다. 이것이 바로 율법에 따라오는 정죄입니다. 그렇게 되면 설교시간에 얻어맞기만 해서 성도들의 은혜를 사모하는 마음은 간절하지만, 시간이 지나면 그런 마음은 점점 강퍅해지고 무늬만 그리스도인이 될 수도 있습니다. 결국 형식만 남은 그리스도인이 되어 갑니다.

반면에 많은 성도들은 설교를 듣고 회개도 하고 싶어 하고, 울고 싶어 하고, 직선적인 죄 이야기는 싫어해도 죄 된 자신의 모습은 보고 싶어 합니다. 참으로 아이러니한데 이러한 성도들의 아이러니를 잘 풀어 가시는 것이 설교자의 몫인 것 같습니다.

그리고 복음은 설교자가 실질적인 복음에 대한 체험이 있어야 체험한 만큼 전할 수 있다고 생각합니다. 아니 깨달은 것으로도 충분히 전할 수는 있습니다. 그러나 깨달은 말씀은 언제라도 체험돼야 하며, 그래야 그 전하는 말씀을 통해서 생명이 드러나게 되고 그 말씀이 사람을 살리는 능력이 된다고 생각합니다.

결국 우리가 할 일은 오직 복음을 전하고 내가 누군가를 가르치기보다는 그 복음을 통해 성령님이 일하시도록 양보해야 할 것입니다.

●
그럼 형식만 남는 그리스도인이 되지 않기 위해서는 어떻게 해야 할까요?

날마다 매순간 자신의 죄 된 모습이 보일 때 마음 아파하고 죄를 버리기를 구하며 회개해야 합니다. 이 경우는 성경 말씀, 즉 하나님의 성품이 죄를 보는 기준이 되어야 하며 신앙생활이 성장하면 할수록 죄를 보는 기준이 세밀해집니다. 그래서 처음에는 시기, 분쟁, 원망, 사기꾼, 거짓말쟁이, 도둑, 허풍쟁이 교만… 등등의 단순한 죄인의 모습으로 보이지만 시간이 가면 갈수록 더 험한 죄인으로 보이다가 나중에는 내 마음 저 깊은 속에 지옥이 보이고 무저갱이 보이며 완전히 타락하여 헤어 나올 수 없는 죄의 늪에 빠져있는 나를 보게 되는데, 내가 무슨 큰 죄를 지어서가 아니라, 조그마한 실수라도 죄를 지을 수밖에 없는, 죄의 가능성이 엄청나게 크게 보이기 때문입니다. 그래서 나를 보면 완전 절망이지만, 반면에 믿음으로 하나님을 바라보면 천국이 보이고 소망이 보입니다. 하나님의 은혜가 아니면 지옥에 갇혀 있는 나 자신을 보기 때문에, 회개를 하되 평안함 속에서 하게 되고 회개를 하면 할수록 속이 시원해집니다. 이런 과정을 가는 사람은 형식만이 남는 그리스도인이 되지 않는다고 생각합니다. 모든 것이 주님의 은혜입니다.

●

그럼 하나님의 사랑을 많이 받고, 은혜를 많이 받기 위해 일부러 죄를 지어야 할까요?

"또는 그러면 선을 이루기 위하여 악을 행하자 하지 않겠느냐?… 그들은

정죄 받는 것이 마땅하도다"(롬 3:8)

"그런즉 우리가 무슨 말을 하리요 은혜를 더하게 하려고 죄에 거하겠느냐 그럴 수 없느니라 죄에 대하여 죽은 우리가 어찌 그 가운데 더 살리요"
(롬 6:1-2)

아닙니다. 우리는 이미 죄를 많이 지어 왔고 앞으로도 죄를 많이 지을 것입니다. 그리고 너나 할 것 없이 죄를 가지고 있고 차이도 거의 없습니다. 다만 차이가 있다면 죄를 보는 기준이 사람마다 다르기 때문입니다. 그렇기 때문에 구원받은 성도는 죄를 보는 기준이 하나님의 기준을 목표로 삼아야 합니다. 그렇게 되면 내 속이 훤히 들여다보이고, 순간순간 마음먹는 것과 말하는 것이 다 걸러지게 됩니다. 이 길을 가는 것은 전혀 어려운 것이 아니며, 내가 힘을 안 들여도 원하기만 하면, 성령님이 다 보게 하시고 물 흘러가듯이 인도해 가십니다.

혹시 삶의 목표를 그리스도에게로, 즉 하나님의 말씀에 두지 않고, 예수 믿고 구원받았고 천국은 어차피 가는 거니까, 이 땅에서는 적당히 죄를 짓고 적당히 자유롭게, 즉 내가 하기 어려운 것은 그냥 죄가 되어도 내 자신에게 눈감아주고, 내가 쉽게 하는 것은 죄를 짓지 않으려고 노력하고, 그리고 선행이나 다른 섬김으로 대충 자기를 감추는, 그래서 적당한 그리스도인의 길을 가려고 하는 사람들이 있다면 그런 분들은 나중에라도 이 길을 가야만 합니다. 안가면 자기만 손해입니다.

그리고 그런 삶은 적당한 삶이 아니라 그냥 죄 된 삶입니다. 내가 나를 위로하는 것이고 겉으로 볼 때, 모양은 그리스도인처럼 보이지만 실패자나 마찬가지입니다. 교회는 그런 분들을 바로 가르쳐야할 책임이 있고, 오직 교회에서만 이런 복음을 가르칠 수 있다고 생각합니다.

●
그럼 우리가 자신의 죄를 보되 어디까지 봐야 할까요?

앞에서도 언급한 바가 있으나 다시 설명하면, 죄의 종류야 수천 수만 가지가 넘겠지만 평소 죄로 여기지 않고 넘어가는 몇 가지만 말하자면, 상황에 따라 슬쩍슬쩍 거짓말하고, 자랑하고, 옹졸하고, 무지하고, 정직하지 못하고, 욕심 부리고, 때론 상황에 따라서는 알면서도 모른다고 말하고, 모르면서도 상황을 모면하기 위하여 아는 척하는 모든 것들, 다른 사람을 나보다 못하다고 함부로 대하거나, 나는 당신들과 다르다고 생각하는 교만함, 나에게는 관대한 잣대를 대고 남들에게는 엄한 잣대를 재는 나의 이기주의에서부터 시작하여 모든 마음속으로 짓는 흉악무도한 살인자의 모습까지 봐야 하고,(거짓말이나 자랑이나 교만함이 작은 죄는 아닙니다. 거짓말이 살인으로 이어지기도 하고, 교만이 살인이나 흉악무도한 죄로 이어지기도 하니까 뭐가 흉악한 죄고, 뭐가 크고 작은 죄라고 말할 수는 없습니다. 인간의 죄성은 어떠한 가능성도 다 열려져 있습니다.) 그 나의 흉악무도함이 세월이 많이 지나가도 소용없고, 또 아무리 노력해도 고쳐지지 않는다는 것을 인정하는 데까지 가야합니다.

우리가 자신의 죄를 보되 어디까지 세밀하게 봐야 하나?를 쉽게 설명하기 위해서 거짓말에 대한 예를 들겠습니다. 우리가 흔하게 사용하는 상대방의 기분을 좋게 만드는 말들, 생명력이 없이 면피용으로 하는 말들, 다시 설명하면 진심이 아닌 인사치레의 칭찬들도 엄하게 따지면 거짓에서 나오는 말입니다. 정말 죄를 자각하는 사람은 마음속에 없는 말은 하지 않습니다.

이 말을 들은 혹자는 그럼 숨통이 조여 와서 어떻게 죄를 안 지으며 살 수 있나? 하시는 분이 계실 것입니다. 제 이야기의 핵심은 죄를 안 짓는 것도 중요하지만 죄를 세밀하게 보고, 죄인 것을 인정하고 넘어가는 게 중요하다고 말씀드리고 싶습니다.

부끄러운 이야기이지만 저의 경우를 말씀드리면, 저는 저의 죄 된 모습 중에서 화(분노)를 제일로 꼽고 싶습니다. 화(분노)는 제가 많이 짓는 죄라고 생각합니다.

신앙이 어렸을 때에는 타인을 향한 정죄도 많이 했었는데, 내 눈에 들보를 보지 못하고 다른 사람들의 티가 많이 보였었던 때였습니다. 그것은 특히 신학을 공부하기 이전에 믿음 생활하는 교회 안에서 타인을 향한 정죄를 많이 했었던 것 같습니다.

그 다음으로는 저는 화(분노)가 많은 사람입니다. 화는 습관적으로 화를 내는 사람도 있지만 주로 힘이 없는 약한 사람에게 그 특징이 더 있는데 그 이유는 어떤 문제에 부딪혀서 화가 났을 때 그 화를 해결하는 데에 자기가 가지고 있는 힘이 사용이 되든지, 아니면 차라리 용서가 되든지 하면 괜찮겠지만, 그렇지 못하고 당하기만 하고 해결할 힘이 없으면 정의의 마음은 있으나 해결 못하고 바라만 보는 것에 대한 분노가 있다고 생각합니다.

그래서 그런지 저는 사회의 지도자들이나 위정자들의 부조리나 범죄, 그리고 사회 각계각층의 부당함들을 보면서 때로는 제 안에 심한 분노가 있는 것을 보았고, 분노를 다스리지 못하는 것이 저를 힘들게 하였습니다. 그러나 그 모든 타인들의 일은 분노는 하지만 그 분노가 살인이나 저주로 이어지지는 않습니다. 그 이유는 그 일이 제 자신과의 직접적인 관계는 없기 때문인 것 같습니다.

제가 제 자신과 많이 싸우고 힘들었던 이유는 남편과의 관계에서였습니다. 저의 남편은 인자한 성품을 가지고 있고 모든 면에 모범적인 면이 많지만 가부장적인 사고를 가졌기에 긴 대화가 안 되는 사람입니다. 저는 내 주장을 말하지 못하고 무시당하거나 강제적인 억눌림을 당할 때, 남편을 향한 분노가 치밀다 못해 속으로 저주도 했었고 살인자의 가능성도 있음을 보았습니다. 아마도 법이 없었다면 저는 살인을 해도 여러 번 했을 거라고 생각합니다. 그러나 그런 것들로 인해 저의 죄 된 밑바닥을 보게 되었고, 그 결과로는 하나님 앞에 자유함이 뭔지를 알게 되었습니다. 아무리 회개하고 고치려고 해도 될 수 없는 자신을 보며 막다른 골목에 다다랐고 거기에서는 더 이상 아무 노력이 소용없고 오직 복음의 이해와 받아들이는 것만이 있었으며 그와 함께 찾아온 자유를 갖게 되었습니다. 그러므로 저의 남편은 저에게는 스승인 셈입니다.

흉악한 죄인들이 죄 값을 받고 처참하게 고통 가운데 죽어갔던 그 십자가, 그 십자가에 예수님이 달려 돌아가셨습니다. 그런데 그 십자가는 예수님이 아니라 내가 달려야 하는 십자가인 것을 깨달아야 합니다. 배워서 아는 것이 아니고 반드시 자각하고 인정해야 합니다. 그리고 또 중요한 것은 그러한 나의 죄악 된 모습, 정말 떨쳐버리고 싶은 죄의 성품들이 영원히 고쳐지지 않는 원죄라는 것이 나의 영의 눈으로 파악될 때, 하나님이 주시기 원했던 완전한 자유의 복음이 자연스럽게 내 안으로 들어오며, 완전한 자유를 누리게 됩니다. 저의 경우는 그랬습니다.

결론은 '아! 인간은 아무리 노력해도 처음부터 안 되는 거였구나, 그래서 인간들에게는 하나님이 주신 용서의 법칙만이 성립되는 것이구나! 그 순간부터 의롭게 살고자 하는 노력들이 포기되며, 나는 나고 하나님은 하나님이시구나, 나는 결코 노력으로는 의롭게 될 수 없다'는 것을 깨닫고 마음이 정리되고, 자유해지며, 죄를 상관하지 않고 하나님 용서의 은혜를 누리며 사는 자유한 삶이 된다고 생각합니다. (이 과정은 세월을 요구하는 데 너무 길지 않게 가는 사람도 있을 거라고 생각합니다.)

●

그럼 죄와 싸우며 가는 과정에서 구원의 확신은 있는데 자유함이 없어서 힘들어하는 사람은 어떻게 해야 할까요?

사람에 따라 다르지만 죄와 싸우는 과정에서 열심히 악착같이 노력하는 사람이 있고, 느릿느릿 가는 사람도 있을 수 있겠습니다. 저는 느리게 갔습니다.

죄가 반복되어서 나를 사로잡아올 때, 하나님의 자녀가 이렇게 힘없이 나약하게 죄를 이기지 못하고 사는 것이 너무 속상해서, 안타까움의 눈물을 흘리지만, 나는 이미 구원받은 하나님의 자녀이고 심판의 대상이 아니므로 마음을 무겁게 갖지 말아야 합니다. 죄의 습관이나 모습이 저주와 심판하고는 아무 상관이 없기 때문입니다.

●

그렇다면 심판도 안 받고 이미 용서가 되었는데 우리가 왜 회개를 해야 하며 죄의 습성을 떨쳐버려야 할까요?

그 이유는 여러 가지가 있겠으나 진실한 회개와 애통함은 반복된 죄를 덜 짓도록 우리의 죄의 습성을 고쳐줍니다. 또한 우리 주님이 우리가 성장되어야 하는 모습을 성경 여러 군데에서 말씀하셨는데 나는 그중에서,

"그런즉 사랑하는 자들아 이 약속을 가진 우리는 하나님을 두려워하는 가운데서 거룩함을 온전히 이루어 육과 영의 온갖 더러운 것에서 자신을 깨끗하게 하자"(고후 7:1)

"이같이 너희 빛이 사람 앞에 비치게 하여 그들로 너희 착한 행실을 보고 하늘에 계신 너희 아버지께 영광을 돌리게 하라"(마 5:16)

"우리 주 예수께서 그의 모든 성도와 함께 강림하실 때에 하나님 우리 아버지 앞에서 거룩함에 흠이 없게 하시기를 원하노라"(살전 3:13)

라는 말씀을 꼽고 싶습니다. 죄를 버리고 주님의 성품을 닮아가는 것이 우리의 목표입니다.

또한 우리 안에 남아있는 죄의 행태는 마귀의 올무에 잘 걸려 우리를 어려움에 빠뜨리거나 넘어지게 하므로, 죄의 습관에서 빨리 벗어나야 합니다. 그리고 죄를 버리지 않고 사는 자는 처음에는 형통해보이지만 몸이든 마음이든 고생을 많이 하게 됩니다. 그것은 죄가 가지고 있는 능력 때문에 일이 잘 풀리지 않고 심적 환경적 고통에 매이게 되며, 한마디로 우리의 삶이 고달파지지요. 그리고 그 결과는 엄청 큰 어려움으로 다가오는 경우도 있습니다. 그래서 죄를 미워할 줄 알아야하며, 잘못된 습관도 고쳐야 하고, 그래야 반복되는 죄에서 점점 멀어지게 된다고 말할 수 있겠습니다.

또한 죄의 문제나 습성을 해결하지 않고 품고 있을 때, 하나님이 그런 사람의 기도를 들으실까요?

"오직 너희 죄악이 너희와 너희 하나님 사이를 갈라놓았고 너희 죄가 그의 얼굴을 가리어서 너희에게서 듣지 않으시게 함이니라"(사 59:2)

"진실로 진실로 너희에게 이르노니 죄를 범하는 자마다 죄의 종이라"
(요 8:34)

"너희는 너희 아비 마귀에게서 났으니 너희 아비의 욕심대로 너희도 행하고자 하느니라…그는 처음부터 살인한 자요 진리가 그 속에 없으므로 진리에 서지 못하고 거짓을 말할 때마다 제 것으로 말하나니 이는 그가 거짓말 쟁이요 거짓의 아비가 되었음이라"(요 8:44)

제가 개인적으로 체험한 결과로는, 죄의 습성이나 죄 된 생각과 멀어진 만큼 일이 형통하고 기도의 응답은 거의 100% 였으며 삶이 행복해졌다고 말하고 싶습니다.

"주의 눈은 의인을 향하시고 그의 귀는 의인의 간구에 기울이시되 주의 얼굴은 악행하는 자들을 대하시느니라 하였느니라"(벧전 3:12)

PART 3

죄를
버려야 하는
이유

●

죄에서 크게 벗어날 수 있었던 저의 간증

여기에서 저는 제가 죄의 무덤에서 크게 한 번 벗어나온 경험을 이야기할까 합니다. 날짜를 기록해보지 않아 정확한 시기는 모르지만, 은혜를 한참 받던 30대 중반쯤인 것 같습니다.

그 시기는 십자가의 주님을 만나고, 늘 주의 은혜에 사로잡혀 살고 있을 어느 때쯤 제가 거짓에 붙잡혀 살고 있었음을 체험하게 된 이야기입니다.

이 간증을 이야기하기에 앞서 독자들이 이해하기 쉬울 것이라 생각되어 그 체험보다 몇 년 전쯤에 이야기를 먼저 해야 할 것 같습니다.

30살 즈음에 말씀에 붙잡혀 살게 된 계기가 있었습니다. 그건 제가 처음 죄인이라는 것을 알게 된 때입니다. 어느 날 주일 저녁 설교시간에 목사님은 죄에 대한 말씀을 전하셨습니다. 그 당시에 우리 교회 목사님은 죄에 관한 설교를 많이 하셨고, 저는 거의 매일 듣는 죄에 대한 설교가 그리 반갑지는 않았던 것 같습니다. 그래서 설교 중간에 속으로 불평을 했습니다. '도대체 우리가 사기를 쳤나, 강도짓을 했나, 살인자도 아니고, 왜 매일 죄에 대한 설교만 하시는 거지?'라고 생각했습니다.

그때 갑자기 강대상 오른쪽 끝 천장 쪽에서 강한 빛을 보았습니다. 그 빛이 얼마나 강하고 밝던지 그 빛의 크기는 사방 2-3미터 정도 되는 아주 강하고 환한 빛이었습니다. 그 순간 저는 알게 되었습니다. 빛의 정체를… 하나님의 영광이었습니다. 아무도 알려주는 이 없었고 저 혼자 보았지만, 그 빛은 하나님의 영광의 빛이셨습니다. 그리고 그 환한 빛이 저를 향해 비추었고 저를 에워쌌습니다. 그리고 음성이 들렸습니다. "자 보아라, 이게 너의 모습이다." 그때 빛에 비쳐진 제 모습은 온갖 죄가 머리끝부터 발끝까지 피부병 환자처럼 더덕더덕 붙어있는 더러운 모습이었습니다. 그건 빈틈이 없었고, 순간 저는 충격에 빠져버렸습니다.

제가 그렇게 죄인이라고는 생각해본 적이 한 번도 없었는데, 그 순간 또 무언가가 보였습니다. 제가 앉아있는 교회 의자 밑으로 구덩이가 깊게 파여 있었는데 그 구덩이에는 교회 의자들이 층층으로 놓여 있었고, 각자의 자기 자리가 정해져 있었습니다. 상황을 보니 신앙이 좋으신 분들은 그래도 윗자리에, 그리고 순서대로 각자 자리가 배치되어 있었는데, 제자리가 어디인지를 확인하는 순간, 지하구덩이 제일 밑이 제 자리인 것이 보였습니다. 그러니까 저는 모든 성도들 중에 신앙이 제일 바닥인 것이었습니다. 그럼에도 불구하고 제 의자에 앉지 않고, 내 위치도 모르고, 제일 윗자리에 뻔뻔하게 앉아있었던 교만의 모습을 본 것입니다. 그 순간 본 모든 것, 또 깨달은 모든 것들이 저에게는 큰 충격이었습니다.

순간 저는 어처구니없다는 생각에 눈물이 나왔습니다. 예배시간이지만 아랑곳하지 않고 펑펑 울었습니다. 우리 하나님께 너무 죄송했습니다. 저는 나름 예수 잘 믿는다고 착각했었나 봅니다. 그래서 더 속상했습니다. 대충 정리를 하고 집에 돌아온 후 거의 2~3일간 낮에도 밤에도 일상생활이 힘들 정도로 많이 울며 회개했습니다. 제가 그렇게 죄인인 줄은 몰랐습니다. 먼저는 하나님께 미안하고 죄송했고, 그 충격에 살고 싶은 마음이 없어질 정도로 많이 힘들었습니다.

그러나 그 모든 것이 하나님의 은혜라는 것을 알게 되었고, 그 후로는 더 힘을 얻어 말씀생활과 기도생활에 열심을 내게 되었으며, 그리고 하나님은 거의 매일 같이 저에게 은혜를 부어 주셨습니다. 그 당시 저의 삶은 어떻게 설명하기 어려울 정도로 성령님께 붙잡혀 살았기 때문에, 좀 독특하다고 볼 수 있는데, 주변에 함께 신앙생활했던 언니와 동생, 그리고 교회 성도들이 은혜만큼은 저를 부러워했던 것도 사실입니다. 어쨌든 저는 그 일 후로 거의 10여 년 정도를 성령님께, 그리고 말씀에 붙들려 살았는데, 잠자는 시간 빼고는 거의 은혜를 사모했고, 또 강력하게 성령님께 붙들려 살았다고 말할 수 있습니다. 그러나 오해하지 마시기 바라는 것은 성령님께 붙잡혀 살았으나, 제 삶의 모습이 그리스도인다운 열매있는 삶은 아니었음을 고백합니다.

다만 오랜 시간이 지났지만 지금 기억나는 것은 그 당시에는 전도를 열심히 했었던 것이 기억납니다. 입에 거품을 물 정도로 제가 만난 하나님을 이웃에게 전하고, 그때가 전도의 열매가 좀 있었다고 생각됩니다.

제가 열심히 믿었고 매일 같이 넘치는 은혜 속에서 살았기에, 저는 저의 신앙이 문제가 없다고 생각했고, 십자가의 사랑을 더 깊이 알기 위해 늘 사모하는 마음으로 살았고, 수많은 체험도 있었습니다. 그러나 이 책은 간증집이 아니기 때문에 다 열거할 수는 없고, 그로부터 몇 년 후 30대 중반 쯤 그날도 말씀과 은혜의 사모함 속에 있는데 성령의 보게 하심이 있었습니다.

제 안에 거짓말하는 귀신이 발각되었던 것입니다. 저는 전혀 몰랐었던 일이었습니다. 그때 잠시 영안이 열려있었나 봅니다. 저는 고개를 숙여 내 몸을 보았습니다. 그 순간 제 마음이 보였는데, 배(허리)부터 양쪽 어깨 끝까지 큰 V자로 마음이 보였습니다. 그런데 그 V 안에 역삼각형 모양(길이가 4센티 정도)의 까만 것이 박혀 있었고, "어? 이게 뭐지?" 그 순간에 그 역삼각형 모양의 까만 것이 쏙 뽑히더니 몸 밖으로 툭 튀어 나와 바닥에 떨어졌습니다. 순간 속이 너무 시원했습니다. 이런 것이 박혀 있는 것도 몰랐지만, 불편한 것도 전혀 없었는데, 빠져나가고 나니 얼마나 시원한지….

그 순간에 알았습니다. 거짓말하는 귀신이었습니다. 나는 귀신이라고 감히 말할 수 있습니다. 왜냐하면 그것이 빠져나갈 때 거짓말하는 귀신이라고 성령님이 알게 하셨기 때문입니다. 사실 나는 성경 속에서 예수님이 병을 고치실 때 귀신들이 떠나가고 했던 것은 알았지만, 거짓말하는 귀신은 생각지도 못했고, 나에게 그런 일이 있으리라고는 상상도 못했습니다.

그때 깨달음이 있었습니다. 제가 거짓말을 가끔 하고 살았다는 것을… 그러나 제가 맘 먹고 누굴 속이거나 한 적은 없었고, 주로 입장 곤란하면 제 마음은 숨기고 남편이나 다른 사람 핑계를 대고, 가령 누가 돈을 빌려달라고 한다면 없을 때는 당연히 못 빌려주지만 있을 때에도 상대방을 믿을 수 없거나 빌려주기 곤란할 때는 없다고 거짓말하고 누가 가기 싫은 곳에 가자고 하면 다른 약속이 있다고 거짓말하고 슬쩍슬쩍 내 양심을 속이는 거짓말을 하고 살았던 것입니다. 그리고 그런 말과 행위들이 죄라는 생각을 못했었고, 모르고 신앙생활을 했었던 것입니다. 그때 깨달았습니다. 하나님은 거짓말을 무척 싫어하시는데 선의의 거짓말도 싫어하신다는 것을….

그 체험 후로 저의 삶이 180도 달라졌습니다. 어떤 상황이 발생했을 때 약간이라도 말을 돌려서 하려고 해도 진실이 나왔습니다. 그리고 '아 예전 같으면 내가 이럴 때 거짓말을 하는구나'를 알게 되고, 제가 하는 말 중에 모든 말이 거짓인지 아닌지가 자동으로 걸러졌습니다. 참으로 놀라운 일이었습니다. 수십 년이 지난 지금도 저 자신이 말을 할 때 자동으로 보이고 걸러지고 있습니다. 그리고 거짓이 얼마나 우리의 영혼을 더럽게 하는지 남다른 철학을 가지고 있게 되었습니다.

혹 참고가 될까 하여 거짓에 대한 성구 몇 개를 올려봅니다.

"그 입에 거짓말이 없고 흠이 없는 자들이더라"(계 14:5)

"그러나 두려워하는 자들과 믿지 아니하는 자들과 흉악한 자들과 살인자들과 음행하는 자들과 점술가들과 우상숭배자들과 거짓말하는 모든 자들은 불과 유황으로 타는 못에 던져지리니 이것이 둘째 사망이라"(계 21:8)

"무엇이든지 속된 것이나 가증한 일 또는 거짓말하는 자는 결코 그리로 들어가지 못하되 오직 어린양의 생명책에 기록된 자들만 들어가리라"(계 21:27)

"개들과 점술가들과 음행하는 자들과 살인자들과 우상 숭배자들과 및 거짓말을 좋아하며 지어내는 자는 다 성 밖에 있으리라"(계 22:15)

●
저는 왜 거짓말을 습관처럼 하고 살았을까요?

그럼 저는 왜 이렇게 거짓말을 습관처럼 하고 살았을까요? 제 과거 속에서 찾아보았습니다. 저의 친정아버지는 아주 호인이시고 자녀들, 특히 5남매 중 저를 가장 많이 사랑해주셨고 과격한 소리 한 번 안 하시고 예뻐해 주셨습니다.

그러나 우리 집에는 아주 엄하고 무서운 엄마가 계셨습니다. 저의 어머니는 교회는 열심히 다니셨지만, 그 당시 당뇨를 심하게 앓으셨는데 몸이 약하시고, 화도 많으셔서, 자주 혼을 내고, 우리 5남매에게 매를 자주 들었습니다. 밖에서 놀다가 집에 들어오면 벌써 우리 남매들 중에 누군가가 맞고 있었습니다. 그것도 나무로 된 방 빗자루의 손잡이로… 저는 특별한 잘못도 없이 혼나며 자주 매를 맞았는데, 혼나는 것이 무서워서 핑계와 거짓말을 스스럼없이 하고 살았던 것 같습니다. 당연히 저의 엄마는 친엄마였습니다. (그분은 병치레를 많이 하시다가 당뇨 합병증으로 47세에 소천하셨습니다.)

그리고 제가 거짓말을 하도록 도와준 인물들이 더 있었습니다. 저는 국민학교(지금의 초등학교) 1학년 말이나 2학년 초부터 과외를 했었습니다. 깜짝 놀라시는 분들이 있으실 테지만 저는 서울 종로구 청운초등학교를 다녔는데 그 옛날이지만 그 당시에 우리 동네는 과외가 흔했었습니다. 그 당시 저는 키도 작고, 몸도 많이 약했고, 공부에 열의도 없고, 학교 숙제도 하기 벅찬데다가, 과외 숙제도 감당하기 어려웠습니다. 특히 과외 숙제를 못 해갈 때는 꾸중을 듣거나 회초리로 맞았는데 그럴 때마다 저는 매가 무서워서 거짓으로 핑계를 대며 지냈습니다.

또 제가 어릴 적 아버지는 철도 공무원(서울역 근무)이셨고 우리가 집은 있으나 특히 잘 살지는 못했던 것 같습니다. 그 당시에 좀 산다 하는 집 엄마들은 왜 그렇게 수업시간에 선생님을 자주 찾아오는지… 저는 담임선생님께 소외당하는 아이가 되고 싶지 않았고, 우리 엄마도 다른 엄마들처럼 담임선생님에게 촌지를 드렸으면 하는 바램을 늘 갖고 있었지만, 우리 엄마는 한 번도 그렇게 해주지는 못하셨습니다. 또 저는 남들 앞에 나서는 것도 좋아했고, 여유로운 가정에서 다니는 같은 반 친구들에게 눌리고 싶지 않아 사소한 거짓말(없는 것도 있다고 부풀리고 등등…)을 자주 하고 살았던 것 같습니다.

어른이 되어 신앙생활을 하고 말씀을 깨닫고 나서부터는 나름 정직하게 산다고 자부했었는데, 옛날의 그 거짓의 뿌리가 내 속에 숨어 있었던 것입니다. 그리고 어른이 되어서도 상황이 생기면 거짓말을 별 가책 없이 했던 것 같습니다.

주제 넘는 말인지 모르겠으나 제가 독자들에게 꼭 해주고 싶은 말은, 자녀들이나 아이들에게 핑계를 대도록 하는 질문은 삼가하라고 말해주고 싶습니다. 또한 아이들을 어른의 기준으로 다가가서 다그치거나 체벌로 해결하는 일이 있어서는 안 되겠다고 말하고 싶습니다. 또 한 번 한 거짓말이라도 그게 한 번으로 끝나기가 어려우니, 거짓말을 하는 아이들에게는 반드시 거짓말은 나쁜 것이라는 것을 가르쳐야 한다고 말하고 싶습니다.

소홀히 여기는 거짓말 한 번이 습관이 되고, 우리의 영혼을 병들게 한다는 것을 그때 알았고, 깨닫게 해주신 하나님께 감사드립니다.

죄를 떨쳐 버려야 하는 또 한 가지 이유

죄를 떨쳐버려야 하는 또 한 가지 이유는 믿는 자로서 내가 사랑하고 존경하는 나의 아버지 하나님에게 욕을 안 먹여야 하기 때문입니다. 내가 잘못하면 내가 믿는 나의 아버지이신 하나님이 대신 욕을 먹기 때문이며, 그러나 심판과는 상관없으니 심판은 이미 물 건너갔다라는 생각을 하면 되고, 그러니까 우리가 죄와 싸우는 이유는 거룩하신 하나님이 죄를 싫어하시기 때문에 자녀 된 나도 죄를 싫어해야 하는 것이고, 쉽게 말하면 왕자나 공주가 된 나는 왕자답게, 공주답게 살고 싶은 것이라고 생각하면 될 것 같습니다.

그리고 죄를 버리는 삶은 하나님이 보입니다. 하나님이 일하심이 보이고 많은 영적인 것들을 소유할 수 있습니다.

"마음이 청결한 자는 복이 있나니 그들이 하나님을 볼 것임이요"(마 5:8)

그리고 죄와의 싸움에서 우리의 목표는 완전한 자유니까 완전하게는 오지 않았어도 믿음으로 어느 정도라도 자유를 누리면서 싸우면 좋겠습니다. 그렇게 하면 절대 힘들지 않습니다.

"그러므로 이제 그리스도 예수 안에 있는 자에게는 결코 정죄함이 없나니

이는 그리스도 예수 안에 있는 생명의 성령의 법이 죄와 사망의 법에서 너를 해방하였음이라"(롬 8:1-2)

이 말씀을 믿음으로 받아들이면 좋겠습니다.

다들 잘 아시겠지만 참고로 말씀을 드리자면 회개의 과정에서, 중요한 것 하나가 있는데 하나님께 지은 죄 말고 사람에게 지은 죄는 회개만으로는 안 됩니다. 반드시 내가 잘못한 그 대상에게 잘못을 인정하고 그에 따른 배상을 해야 하며, 하나님께 회개한 것으로 다된 줄로 알면 안되겠습니다.

"그러므로 예물을 제단에 드리려다가 거기서 네 형제에게 원망들을 만한 일이 있는 것이 생각나거든 예물을 제단 앞에 두고 먼저 가서 형제와 화목하고 그 후에 와서 예물을 드리라"(마 5:23,24)

이 말씀은 많은 것을 생각하게 합니다.

그리고 죄를 보는 기준에 대하여 한 말씀 더 드리면 정부나 국가에서 만든 법도 그리스도인들은 지켜야 한다고 생각합니다. 이건 그리스도인들의 원칙입니다.

한 예로 나의 지인이신 권사님이 사업을 크게 하시는데 "편법도 안 되는 거냐"고 물으셔서 "그렇다"라고 대답은 해드렸으나 많이 찜찜했습니다.

지금 우리가 사는 세상은 온갖 편법과 부정이 판을 치고 있는 것이 사실입니다. 법을 잘 아는 사람들은 아는 만큼 편법으로 법망을 피해서 이득을 얻고, 또 큰 이득을 얻는 사람도 있고 자잘한 이득이라도 얻을 수만 있다면 우리는 편법을 좋아합니다. 그리고 편법을 쓰면서 자랑하는 사회가 되었고, 못하는 사람은 무능력한 사람이던지 바보가 되는 세상이 되고 말았습니다. 저도 과거 80년대 중반에 개인 사업장을 운영한 적이 있었는데, 처음 허가를 낼 때부터 길이 막혀 편법을 쓴 적이 있었고, 그게 죄라는 생각을 못했었는데, 저의 무지와 둔한 양심에 행했던 일들이, 지금 생각하면 너무 부끄럽습니다. 아울러 우리의 모든 일상은 하나님 앞에서의 삶의 문제이기도 하고, 양심의 문제이기 때문에, 할 수만 있다면 소득은 조금 덜 생겨도 과감히 정직하게 사는 세상이 되면 좋겠다는 생각을 합니다. 그리고 정직하게 사업을 해도 망하지 않고 정직한 사람이 더 잘사는 세상이 되면 얼마나 좋을까? 하는 생각도 해봅니다.

또 이런 문제는 단체나 개개인 자신이 선택하고 결정할 문제이고, 그런 세상의 유혹에서 벗어나기가 어려우며, 성령의 조명과 강력한 인도하심이 필요하다고 생각합니다.

●

그럼 자유함과 그리스도인의 성장과는
어떤 관계가 있을까요?

"우리가 다 하나님의 아들을 믿는 것과, 아는 일에 하나가 되어 온전한 사람을 이루어 그리스도의 장성한 분량이 충만한 데까지 이르리니"(엡 4:13)

아마도 자유함이 없는 상태에서는 죄가 자꾸 걸리적거려서, 성장을 끌어주는 뒷심이 약해서 성장이 느릴 수밖에 없다고 생각합니다.(야구 경기 때 투수가 힘이 약하면 공을 멀리 던지지 못하는 것같이)

무조건 사랑하고 열매를 맺으면 성화가 아니고 십자가를 통과해야 하는데, 더 쉽게 말하면 십자가를 통해 주시는 자유함을 가지고 가야 제대로 성장할 수 있다고 말씀드릴 수가 있겠습니다.

이것이 신앙인이 가는 길입니다. 우리 모두가 이 길을 가야 합니다. 그리스도의 장성한 분량까지 성장하라는 말씀인데. 우리는 주님 앞에 서는 날까지 자라나야 합니다.

그러니까 기독교인들에게 자유함은 엄청 중요한 것이고, 십자가를 통과하는 자유함이 없으면 자유함을 잘못 이해하게 되며, 자유하다고 해서 자기 맘대로 막 사는 경우가 생길 수도 있습니다. 얼마 전 사회적인 이슈가 되고 있었던 JMS 정명석이나 그와 비슷한 이단의 교주들, 정상적인 교회라고는 하지만 암암리에 자행되어 사회적인 비난을 받는 교회의 목회자들의 성폭행, 성추행, 물질 문제 등의 이슈에 드러난 여러 그리스도인들이 우리 사회가 경악을 할 만큼 왜 그렇게 타락했을까요? 그들이 처음부터 간음자요 타락자들이었을까요? 제 생각에는 신앙 초기에 죄를 지었을 때 회개하지 않고, 예수님이 우리의 과거·현재·미래의 죄를 다 용서하셨으니 이제는 죄에 대하여 자유하다라는 잘못된, 반쪽 복음을 가지고 편하게 신앙생활을 했기 때문이라고 생각합니다. 그래서 결국은 죄에 대한 분별력이 없어지고, 양심은 화인 맞아서, 회개가 뭔지도 모르고, 뻔뻔해지며 회개하고 싶어도 회개가 안 되는 상황에 이르게 된다고 생각합니다.

또한 자유함이 어느 순간에 은사처럼 올 수도 있습니다. 그렇다 하더라도 시간이 지나면 흔들림이 생기기 때문에 여기서 그치거나 만족하지 말고 반드시 자신의 죄 된 모습을 보면서 회개와 함께 성장해 가야합니다.

죄와 회개와 자유함에 대한 말씀을 다시 정리

그럼 지금까지 말했던 죄와 회개와 자유함에 대한 말씀을 다시 정리해볼까 합니다.

우리는 구원받은 하나님의 자녀이지만 연약합니다. 그래서 우리는 죄는 지으며 살고 싶지는 않지만, 그러나 여전히 죄를 짓고 삽니다. 혹시 "나는 죄를 안 지으며 산다"라고 하시는 분은 없으시리라고 생각합니다. 우리는 연약해서 다 죄를 짓게 되는데, 그럼 그럴 때마다 죄를 어떻게 처리해야 할까요? 때로는 울고 회개하시나요? 물론 회개합니다. 그런데 회개하고 나서는 똑같은 죄를 또 반복하게 됩니다. 예를 들어서 미워하지 말라고 했는데, 회개를 했지만 또 미운 마음, 서운한 마음이 우리 속에 자리를 잡고, 용서한 줄 알았는데 어느 날 보니까 용서가 안 되어 있는 내 마음이 보입니다. 그게 죄입니다. 그럴 때 대부분 많은 사람들이 죄 짓고 회개하고, 죄 짓고 회개하고, 하면서 신앙생활을 원래 이런 거야 하면서 죄책감 반, 자유함 반 그렇게 살게 됩니다.

이런 모습은 계속 반복만 될 뿐이지 성장도 어렵고, 하나님 앞에 설 때면 떳떳하지 못하고 주눅이 들어있고, 뭔가 개운하지 못하고 찝찝합니다.

마치 무서운 부모님 앞에서 기를 못 펴고 사는 자식처럼, 부르기는 아버지 하나님이라고 부르고 뭔가 열심히 할 때는 당당하지만, 우리의 부족한 모습 또는 연약하고 죄 된 성품이 드러날 때에는 더 이상 가까이 가지 못하는 거리감 있는 하나님이 될 수도 있습니다.

그러면 이런 우리의 모습을 보시는 하나님의 마음은 어떠실까요? 우리에게 죄와 심판과 저주에서 자유를 주시려고 십자가에서 고통과 죽으심을 당한 그리스도의 희생이 있고, 그로인해 우리와의 관계를 아주 뜨거운 아빠와 자녀와의 관계로 회복하시려는 하나님의 의도가 허물어지는 순간인데, 하나님 입장에서는 통탄할 노릇이 아닐까요? 그리고 우리는 늘 주눅이 들어있고 영적 자유도 없으니, 계속해서 사탄은 "죄와 율법을 가지고 우리가 잘못할 때마다 우리를 괴롭히고, 정죄하고, 너는 하나님의 자녀라고 하지만 실제로는 마귀의 자식이야, 너의 거짓말, 위선, 이기주의, 자랑 등 너는 이익을 위해서는 방법을 가리지 않네? 너의 욕심, 네가 무슨 성도야? 네가 어떻게 하나님의 자녀이지? 회개하면 뭐해? 또 죄 지을 건데…." 이런 식으로 틈만 나면 우리를 공격하는데, 그래서 우리는 하나님이 주신 은혜를 누리지 못하고 주눅 들어 살므로 하나님의 입장은 뭐가 되겠으며 얼마나 속이 상하실까요?

그런데 여기에서 우리가 짚고 넘어가야 하는 말씀은, 자유함이라는 것은 우리가 구원받았을 때에 배우는 말씀입니다.

우리가 예수 그리스도를 믿고 구원을 받으면, 이제는 죄에서 자유를 얻는다고, 우리는 죄에 대하여 심판을 받지 않는다고 배웁니다. 죄를 지을 수밖에 없는 연약한 인간의 입장에서는 보통 희소식이 아닐 수 없습니다.

그래서 처음에는 그 말씀을 믿고 자유하지만 여전히 죄를 짓고 있는 자신을 보면 자유했던 마음이 어느새 무너집니다. 그 말씀을 아무리 배우고 믿어도 우리의 실상은 죄가 발각 나거나 죄가 드러나면 절대로 자유할 수 없습니다.

왜냐하면 죄를 지어도 그냥 마음속에서 가책을 느끼지 않고 그냥 통과가 되어야 하는데, 우리가 아무리 죄인들이지만 마음 한쪽에는 양심이 있기 때문에 힘이 듭니다. 더욱이 구원받은 후 우리 속에 들어오신 성령님은 계속 죄를 비춰주시고 탄식하기 때문에 절대 편할 수가 없습니다.

또한 죄에서의 자유함 만을 가르치는 것이 아니라, 동시에 구원받은 자는 하나님의 말씀을 지켜야 하고, 또 나도 하나님을 닮고 싶은 선한 목표가 있습니다. 그래서 자신의 죄 된 성품이나 열매를 보면 속이 상하고, 죄를 이기려고 노력하고, 여러 가지의 반응이 우리 안에 일어납니다. 그러나 우리의 열심에도 불구하고 죄는 여전히 우리를 사로잡습니다.

"내 속사람으로는 하나님의 법을 즐거워하되 내 지체 속에서 한 다른 법이 내 마음의 법과 싸워 내 지체 속에 있는 죄의 법으로 나를 사로잡는 것을 보는도다"(롬 7:22-23)

그래서 죄책감과 자책에 사로잡혀 신앙생활마저도 무의미해지고 의욕까지도 없어지는 결과를 가져옵니다.

거기다가 구원받은 하나님의 자녀들의 삶의 모습의 목표는, 그리스도의 장성한 분량이 목표이고, 동시에 죄에 대하여 자유를 얻은 상태라고 해도 죄를 지을 수밖에 없는 연약함을 가진 인간으로서는 이 둘 사이 괴리가 엄청납니다.

이것이 해결되지 않으면 성도들이 갖는 좌절이란 이루 말할 수 없습니다.

"오호라 나는 곤고한 사람이로다 이 사망의 몸에서 누가 나를 건져내랴"

(롬 7:24)

이 성경고백은 이 과정을 가는 중에 그야말로 많이 하는 고백입니다.

반면 어떤 이단 종파(구원파)에서는 "구원을 받은 이상 우리는 정죄받지 않는다"라는 말씀만 그대로 적용해서 우리는 구원을 받으면 죄와는 상관없고 죄에 대하여 이미 죽은 상태이기 때문에 죄를 지어도 상관없다고 가르칩니다. 그래서 그들의 믿음 생활은 회개의 과정이 없으며, 그나마 인간으로서 조금이라도 남아 있는 양심이 더 더러워 져서, 사회를 더럽게 물들이고, 마귀의 수하에 들어가게 하는 오류를 만들기도 합니다. 정말 무서운 일입니다.

●
죄와 율법에 대하여 자유하지 못하면 하나님의 깊은 은혜 속으로는 들어가기가 어렵습니다

앞에서 한 번 언급했듯이 자유함을 받으면 오는 결과 중에, 4번째 말씀, "신앙의 성장이 올라갔다 내려갔다 하거나 한 자리에서 빙빙 도는 것이 아니라 하나님의 은혜로 깊이 들어가는 길"이라고 했는데 저는 이쯤에서 이 부분을 설명하고 싶습니다.

죄의 문제에 있어서 온전하지는 않지만 어느 정도 자유만 경험해 도 신앙이 눈에 띄게 성장하기도 합니다. 그래서 "죄와 율법에 대하 여 자유하지 못하면 하나님의 깊은 은혜 속으로는 들어가기가 어렵 다"고 한 말에 대하여 오해는 하지 마시기 바랍니다. 우리는 성경 속 에 다른 말씀들을 통해서도 하나님을 만날 수 있고 은혜를 받을 수 있 습니다. 물론 기도를 통해서도 은혜를 체험하고, 자유함이 없어도 무수한 은혜가 있습니다. 저도 아마 둘째가라면 서러울 정도로 많은 큰 은혜들을 받았습니다. 그런데 하나님이 주신 완전한 자유함이 어떤 것인지 그 가치를 알게 되고 그 완전한 자유함을 소유하게 되면 하나님의 마음을 이해하게 되는데, 이것은 이때까지는 없던 체험이며 깨달음이었습니다.

하나님이 우리에게 왜 거저로 구원을 주실 수밖에 없는지 그냥 설명을 듣고 아는 것이 아니라, 인간을 향한 하나님의 마음을 만나게 되는데, 저의 경우는 그랬습니다. 하나님이 어떤 심정으로 구원을 계획하셨는지를 알게 되며, 그냥 구원을 주셔서 받는 것하고, 구원을 주시는 분의 의도를 아는 것하고는 하나님을 알아가는 것과 신앙생활 하는 데에 많은 차이가 있습니다. 마치 창조의 계획에 동참하는 느낌? 그래서 그 창조와 함께 구원을 계획하신 놀라운 하나님의 계획과 경륜을 이해하고 찬양하며 박수 쳐 드리고 싶은 마음이 생긴다고 말하고 싶습니다. 그건 누구든 완전한 자유를 소유하면 다 그럴 것이라고 생각합니다.

때로는 성도들 가운데 신앙이 좋을 때는 구원받은 것 같았다가, 신앙이 조금 느슨해지는 것 같으면 희미해지고, 열심히 봉사하고 열심을 내고 기도 많이 하고 성경말씀을 가까이 하고 전도 많이 하면 구원받는 것 같다가도, 힘이 없고 몸이 약해지거나 병들고, 물질이 없어지고, 또 좀 나태해져서 기도를 못하게 되면, 하나님이 나를 조금만 사랑하시는 것 같고, 구원이 의심되는 상태로 살았다 하더라도, 완전한 자유함이 뭔지 그 은혜가 오면 전혀 흔들리거나, 약해지지 않는 견고한 구원을 갖게 되는 것입니다.

PART 4

~~~~~~~~~

구원
자유
성화

●

각자 현재 가고 있는 길이 어디쯤일까?

지금까지는 자유가 왜 필요한지, 자유가 얼마나 중요한지를 말했다면 지금부터 설명해 드리는 것은 각자 현재 가고 있는 길이 어디쯤인지 어디서 놓쳤는지를 그림 그리듯이 설명해 보려고 하니 각자 정리해 보시면 좋겠습니다.

여기 한 인간이 있습니다. 여기는 땅입니다.
그리고 여기에는 하나님, 그리고 예수님이 계시는 하늘 천국입니다.
여기 인간이 복음을 듣고 하나님의 자녀가 되었습니다. 여기 이 인간은 어느 누구도 될 수 있어요, 내가 될 수도 있어요. 우리 모두의 이야기입니다.

하나님의 자녀가 되었다고 하는 것은 칭의의 구원입니다. 예수 믿기 전보다 뭐가 달라졌을까요? 신분이 달라졌습니다. 그래서 하나님이 "너는 내 자녀다"라고 인정하시고, 우리는 하나님을 아버지라 부르는 것이 달라졌습니다. 마귀의 자식에서 하나님의 자녀가 된 것입니다. 아주 놀라운 일입니다.

구원받은 사람은 이때부터 배워야 하고 자라나야 합니다. 그래서 여기 하나님이 계신 천국까지 성장해서 가는 것입니다. 이제 갓 낳은 어린아이가 세상에 태어난 것과 같은 상태이므로 엄마 젖을 먹고 성장해야하는 아기처럼, 이 사람은 말씀을 먹고 들으면서 믿음이 성장해야 합니다. 내가 받은 구원, 거저 얻었지만, 그 가치가 얼마나 대단한 것인지를 알아야 합니다. 구원의 가치를 아는 만큼 하나님의 사랑도 폭넓게 알게 됩니다.

우리가 하나님의 사랑을 어디서 느낍니까? 기도 응답인가요? 아니면 일이 잘 풀리고 잘되는 것에서 느낍니까? 틀린 말은 아닙니다마는 이렇게만 생각되면 약간 위험해질 수도 있어요. 때로는 기도 응답이 안 될 때도 있고 일이 안 풀릴 때도 있어요. 건강을 잃을 때도 있습니다. 그러면 그때에는 하나님의 사랑에 의심이 가기도 하겠지요? 그렇지만 하나님은 우리를 여전히 사랑하십니다. 변치 않는 하나님의 사랑은 예수 그리스도와 그리스도의 십자가 안에 다 들어있습니다. 그게 믿음이라고 생각합니다. 십자가를 알아갈 때마다 하나님의 사랑의 깊이와 넓이를 알아갈 수 있어요. 무궁무진해요. 예수 그리스도와 십자가 안에는 온갖 보화가 다 들어있습니다. 그리스도의 십자가는 은혜의 보물창고이며, 생수의 근원이며, 이세상의 모든 문제를 여는 열쇠입니다. 그래서 하나님의 사랑과 하나님에 대하여는 십자가를 통해서 알고 배워야 합니다. 배울 것이 너무 많습니다. 잘 아시겠지만 죽을 때까지 배워도 우리는 하나님에 대하여 다 알 수 없습니다.

그러나 그리스도의 십자가의 사랑을 고백하는 사람은 보이는 환경이 막막하고 기도 응답이 안 되는 것 같아도 "그리 아니하실지라도…"라는 고백을 할 수 있습니다.

●
다시 한번 구원을 생각해보기

여기에서 다시 한번 구원을 생각해 봅시다.

구원받을 때 자기가 죄인인 것을 인정하고 하나님이 세상에 주인인 것을 인정하고 구원받았다면 이 사람의 인생에서 하나님은 가장 크신 분으로 작용될 것입니다.

그래서 세상에서 좋아하던 것, 죄와 더불어 살았던 것이 싫어지고 자신의 죄 된 모습이 부끄러워지고, 하나님 말씀 중심으로 살고 싶어지는 것이 일반적인 구원받은 사람의 모습입니다. 그래서 그동안 몸 담았던 나쁜 습관에서 벗어나기도 하고, 너무너무 좋아했던 세상적인 것에서 돌아서기도 합니다.

이 단계에서는, 일반적인 죄의 행태는 이기거나 버릴 수 있습니다. 그러나 가면 갈수록 죄에서 벗어나서 거룩해지는 것이 아니라, 행위는 많이 달라진 것 같은데, 아니 실제로는 많이 달라졌습니다. 많이 성도다워 가고 있습니다. 그런데 믿으면 믿을수록 점점 자신의 죄와 허물이 크게 보입니다. 예수 믿고 신앙생활 열심히 하면 예전보다는 좀 더 나은 사람이 될 줄 알았는데, 오히려 죄가 더 보이고 심지어는 죄의 뿌리까지도 보이는 것입니다.

이 과정은 로마서 7장 13절의 말씀처럼 '죄가 심히 죄 되는 과정'인데 작게 생각되는 죄, 별거 아닌 잘못도 태산만한 죄로 보이는 성령의 조명입니다. 이때에는 자신이 너무 한심스럽고 괴로워서 자책을 많이 합니다. 그러니까 자유함을 조금 느끼다가 자기 자신을 보면 정죄하거나 괴로워하고. 회개를 하고 또 해도 시원해지지 않는 마음은 믿음 생활을 포기하고 싶을 수도 있습니다. 그래서 때로는 그 빈자리를 채우기 위하여 열매에 치중합니다. 열심히 전도하고 열심히 성경을 많이 봅니다.(원래 기도나 전도, 성경 보는 것은 성도의 기본) 때로는 기도하면 하나님이 가르쳐주시겠지 하면서 기다립니다. 여기에 기쁨이 있나요? 이런 신앙생활에 참 자유가 있나요? 참 자유를 누리는 길은 죄와 연결되어 있습니다. 포기하지 말고 계속해서 가야 하고 결국은 완전한 자유를 체험할 것입니다.

●

구원 이후의 두 개의 관문 (자유, 성화)

이쯤에서 덧붙여 설명할 것이 있습니다. 우리가 예수 그리스도의 십자가 은혜로 구원을 받으면, 두 가지의 관문이 기다리고 있습니다. 이 두 가지의 관문은 우리에게 주어진 숙제입니다. 그것은 바로 참 자유와 성화입니다. 어쨌든 구원받고 나면 두 가지의 숙제는 반드시 주님 앞에 서는 날까지는 이루면서 가야 합니다. 아니면 다른 길은 없습니다. 다시 세상으로 나가면 몰라도 한 번 하나님의 자녀가 되면 늦게 이루어지든 빨리 이루어지든 우리는 반드시 가야 하고 소유해야 되는 것은 참 자유와 성화라고 할 수 있겠습니다.

그리고 이 두 가지 자유함과 성화는 같이 붙어서 이어지는 것입니다. 참 자유를 얻은 자가 성화의 길을 가는 것이고, 자유함을 얻지 못하면 성화가 더딥니다.

혹시 자유함은 없는데 자신이 많이 성화되었다고 생각하시는 분

계신가요? "나는 자유함은 없지만 많이 성화되었어", "나는 주님을 많이 닮아가고 있어", "내가 얼마나 노력하고 절제하고 사랑하는데"… 하시는 분 계신가요? 그게 진짜 성화인지 아닌지는 역으로 뒤집어보면 압니다. 조금 뒤에서 말씀드리겠습니다.

●
자유함 없이 성화가 어려운 이유, 그리고 의지에 대하여

제가 그리스도안의 자유함이 없이는 성화가 더디다고 했는데, 그 이유는 거기에는 자기의 의가 포함되어 있기 때문입니다. 자기의 의를 세우는데 동반되는 것이 인간의 의지인데 인간의 의지라는 것이 나쁜 것은 아닙니다. 그리고 삶에서 아주 절대적으로 필요한 것입니다. 그래서 처음 신앙생활을 할 때에는 의지가 동반되어야 열심히 믿음 생활을 할 수 있습니다. 그러나 시간이 가면서 우리의 의지는 점점 꺾여야 합니다. 왜냐하면 우리의 의지가 '자기의 의'(사탄이 좋아하는 것)를 세우는 데 쓰이게 되기 때문입니다. 그렇게 되면 그리스도의 의가 소용없게 됩니다.

그래서 우리의 의지는 주님과 함께 십자가에 못 박혀야 하는 것입니다. 그 이유는 우리의 의지 속에는 죄성이 함께 동반되기 때문입니다. 그래서 결국은 우리의 의지는 십자가에서 주님과 함께 죽어야 합니다. 그래서 내 힘으로는 아무것도 할 수 없음이 고백되어져야 합니다. 그렇지 않으면 보통 때에는 표시가 나지 않지만, 우리의 의지나 우리의 열심 그것들은 어떤 일이나 문제에 부딪히면 나, 나, 나의 공로를 들추어내며 자기의 의를 내세우게 됩니다. 제가 앞전에 역으로 뒤집어보면 안다고 했는데 문제가 생기면 알게 됩니다. 내가 드러납니다.

예를 들면 내가 얼마나 힘들게 참았는데… 내가 어떻게 섬겼는데… 헌금을 얼마나 했는데… 서운한 마음이 듭니다. 왜 그럴까요? 내가 했기 때문입니다. 항상 마음속에 자기의 자랑이나 자기의 공로가 들어갑니다. 그것도 크게 표시 나는 것이 아니라 살짝살짝 들어갑니다. 그래서 자신의 모습이 잘 보이지 않습니다. 우리는 자신의 마음속이 어떻게 돌아가는지 한눈 팔지 말고 똑바로 봐야 합니다. 그리고 나보다 못하거나 노력하지 않는 사람을 보면 판단하고 정죄합니다. 거기에는 십자가의 못 박힘이 없습니다. 우리의 함정은 주님의 이름으로 내가 하는 것이 함정입니다. 애매합니다. 말로는 주님의 은혜로 했는데 자기만족 자기자랑이 있습니다. 그게 무서운 것입니다. 그 인간의 공로나 노력이 들어가면 그때부터는 주님의 십자가 은혜는 무용지물이 됩니다. 이미 썩은 물 같아서 인간의 냄새가 풀풀 나고 평토장한 무덤과 같습니다.

●

예수를 믿지 않는 사람들도 그리스도인의 성화처럼 성장합니다. 그러나 그것을 성화라고 하지는 않습니다.

인간의 의지 차원에서 한 번 생각해 볼까요? 예수님을 믿지 않는 세상 사람들, 불교를 믿는 사람들, 또 다른 종교인들도 착해지고 성장하잖아요. 인간의 의지로도 얼마든지 성장할 수 있습니다. 세상 사람들은 다 도둑이고 강도가 아닙니다. 어쩌면 예수 믿는 사람들 중에 더 악한 사람도 많고, 법 없이도 살 수 있는 세상 사람들도 많이 있습니다. 그 사람들과 우리가 다른 점이 뭐가 있을까요? 불교를 믿는 사람이 해탈의 경지로 들어서면 그걸 성화라고 할 수 있을까요? 아니면 예수 믿는 사람이 변화되는 것은 성화이고, 예수를 믿지 않는 사람이 변하는 것은 성화가 아니라고 말할 수 있나요?

저도 전에는 그렇게 생각한 적이 있었습니다. 예전에 심방전도사로 사역할 때에 성도가 물어보는데 잘 몰라서 그렇게 대답하였는데, 대답은 하였지만 좀 찝찝했습니다.

그러면 질문 하나 하겠습니다. 교회 다니는 사람들 중에 그리스도인을 어떻게 구별할까요? 교회가 다니고 싶어서 교회 다니면 그분이 그리스도인인가요? 그리스도인이라고 한다는 것은 예수 그리스도의 십자가 은혜로 구원받은 자가 그리스도인입니다. 거기에는 십자가가 들어갔습니다. 마찬가지로 성화되는 것은 어떻게 구별할까요? 거기에도 십자가가 들어가야 합니다. 교회에 다녀도 인간의 노력으로 변한 사람은 성화로 보기가 어렵습니다.

다시 말하면, 인간의 노력이나 의지로 변화된 것은 겉사람이 변한 것이지 속사람이 변화된 것이 아닙니다. 속사람의 변화(성화)는 오직 십자가의 은혜로 성화됩니다. 십자가에 자기의 정과 육을 못 박은 자가 성화되는 것입니다. 정과 육을 십자가에 내려놓고 죄 된 자기는 주님과 함께 못 박혀야 성화되는 것입니다. 사도바울은 자기는 "날마다 죽노라"라고 했습니다. 그래야 자기의 공로가 들어가지 않습니다. 주님과 함께 못 박힌 사람은 자기는 할 수 있는 것이 없음을 압니다. 왜냐하면 자기의 것은 쓸만한 것이 없기 때문에 십자가에서 주님과 함께 죽었기 때문입니다.

여기에서 한 가지 팁을 드리자면, 선천적으로 좋은 기질이나 성품을 가지고 태어난 사람들은 그 위에다 조금만 노력하면 금방 변화된 사람처럼 보이고 남들에게는 칭찬이 자자하며 주변에 유익을 주지만, 그러나 그것은 아닙니다. 그 사람도 자기가 가지고 있는 좋은 성품이라 할지라도 주님 앞에 서면 더러운 옷과 같이 인정하고, 태어날 때 가지고 온 것은 아무리 선한 것이라도 다 십자가 앞에 버려야 합니다. 그것이 거듭나는 것입니다. 만일 매사에 자기를 버리고 거듭나는 경험 없이 그냥 선하고 착하게 산다면 그분은 종교인은 되겠지만 그리스도인은 아닌 것입니다.

※여기에서의 거듭남은 십자가의 예수님과 함께 못 박히고 다시 주님과 함께 사는 것을 말합니다.

그러니까 성화는 자신의 잘못을 인정하고 마음 아파하며 주의 십자가 밑에 내려놓고 용서를 체험해야 성화되는 것이라고 말할 수 있겠습니다. 그리고 그리스도의 십자가를 통한 용서와 사랑을 받은 자가 자유함 속에서 성장하는 것이라고 말할 수 있겠습니다.

성화는 인간의 노력이나 공로가 아닌 오직 십자가의 은혜로 얻는 것입니다. 그러니까 세상 사람들이나 믿는 신자들이나, 죄 된 자신의 성품이나 모습들은 묻어두고, 자기의 노력과 의지로 착하게 살고 선한 열매를 맺는 것은 성화라고 할 수 없겠습니다.

그럼 우리의 의지는 버려지고 십자가의 은혜로 오는 자유함은 어떻게 소유할 수 있을까요?

PART 5

하나님
예수님
그리고 나

죄를 가지고 예수님 앞으로

답을 먼저 이야기하면 죄를 가지고 십자가의 예수님 앞으로 가는 것입니다.

자, 우리가 무슨 잘못을 했을 때 이것이 죄인지 아닌지 알려면 무엇으로 알 수 있습니까? 죄를 알게 하는 것은 율법입니다. 율법이 없으면 죄도 없습니다.

율법이 하지말라고 했는데 내가 했으면 그게 죄가 되는 것입니다. 그런데 법은 무서운 것입니다. 왜 무섭습니까? 법은 죄를 지은 자에게 결과를 주기 때문입니다. 바로 정죄입니다. 그래서 법은 우리에게 그 죄에 대한 대가를 지불하라고 명령하는 힘이 있습니다. 그게 죽음일 수도 있습니다.

유대인들은 율법을 어기면 돌로 치던지 죄에 합당한 벌을 받았습니다. 율법은 아주 강력한 힘이 있는 무서운 것입니다. 그래서 인간은 누구든지 율법의 잣대로 재면 다 죽을 수밖에 없습니다. 우리의 연약함이나 죄성은 그 율법의 요구를 다 들어줄 수가 없습니다.

그 무서운 율법에서 우리를 해방시키시려고 하나님은 예수님에게 우리의 죄를 다 짊어지게 하시고 우리가 받아야 하는 형벌과 저주를 다 받게 하시고 십자가에서 죽이시므로 율법의 요구를 이루셨습니다. 그래서 율법은 예수님을 믿는 하나님의 자녀들이 아무리 잘못해도 더 이상 정죄할 수 없습니다. 십자가는 그런 곳입니다. 우리의 정죄를 대신 받고 예수님이 저주받은 곳, 그래서 예수님의 십자가는 우리가 아무리 죄를 많이 지었어도 우리가 숨으면 되는 피난처입니다.

그러면 우리가 구원받았으면 율법의 정죄에서는 해방되었지만 율법 자체가 없어졌습니까?

아닙니다. 우리가 예수를 믿기 전에는 율법은 정죄의 역할을 했지만 예수를 믿고 난 후부터 우리를 십자가로 데려다주는 초등교사(몽학선생)의 역할을 합니다.

"이같이 율법이 우리를 그리스도께 인도하는 초등교사가 되어…"(갈 3:24)

그 초등교사를 따라가야 십자가의 예수님을 만나게 됩니다. 초등교사를 따라 십자가 앞으로 가면 예수님이 내 죄를 몽땅 짊어지고 십자가에 달려있습니다. 그때 나는 내 죄를 가지고 십자가의 예수님께 고백합니다. 그것이 십자가에 나를 내려놓는 것입니다. 율법은 변한 것이 없습니다. 그대로입니다. 율법의 역할이 변한 것입니다.

●
구원받은 이후에 알아야 하는 것, 죄의 기준

여기에서 꼭 하고 싶은 말은, 처음 구원을 경험한 대부분의 초신자의 경우는 우리가 아무리 죄인이라고 알려줘도 어렴풋이 인정은 하지만 예수님이 나같은 죄인을 위해서 대신 십자가형을 받고 죽으셨다는 말의 의미가 가까이 다가오지 않을 수 있습니다. 그 이유는 대부분 우리가 살인을 했거나 사기를 쳤거나 강도짓을 안했기 때문에 자기가 그렇게 십자가형을 당할 만큼 큰 죄인이라는 것을 실감하지 못하기 때문입니다.

그래서 지금까지 여러 번 반복하여 말씀드렸지만, 구원받은 이후에 우리는 하나님의 말씀을 통하여 죄의 기준을 알아가는 과정이 필요합니다. 죄의 기준을 아는 만큼 우리의 양심도 되살아납니다. 그래서 우리는 성도들에게 어떤 것이 죄인지 가르쳐야 합니다. 율법도 알아야 하고 하나님의 성품을 알아야 합니다. 하나님이 싫어하시는 것이 뭔지 좋아하시는 것이 뭔지, 알아 가야 합니다. 사랑의 하나님보다 공의의 하나님이 먼저입니다. 공의가 뭔지를 알아야 사랑도 알 수 있습니다. 죄를 싫어하시는 하나님, 죄에 대하여 심판하시는 하나님을 알아야 합니다. 결국은 하나님의 성품이 죄를 보는 기준입니다. 하나님의 성품을 알아야 죄를 볼 수 있습니다. 그래야 초등교사를 따라서 예수님의 십자가에까지 갈 수 있습니다. 결국 우리는 예수님의 십자가는 예수님이 아니라 내가 달려야 하는 십자가라는 고백을 하게 됩니다.

한 가지 안타까운 것은 많은 성도들이 뭐가 죄인지를 잘 모른다는 것입니다. 그저 자기 자신이 가지고 있는 양심이 죄를 보는 기준이기 때문입니다. 그것은 그들을 지도하고 가르치는 먼저 믿은 자들에게도 책임이 있다고 생각됩니다. 또한 교회에서 죄에 대하여 별로 많이 가르치지 않는다는 것입니다. 그리고 상처 치유 쪽인, 위로의 말씀, 치유의 말씀 쪽으로 많이 치우치기도 하는데 사실 성도들이 그런 말씀을 좋아하기는 합니다. 그 정도로 치유가 필요하고 위로가 필요한 성도들이 많다는 것입니다. 치유와 위로를 받지 못해서 병들고 심지어는 삶을 포기하고…. 그러나 필요하긴 하지만, 그리고 그 부분도 중요하지만, 치유하는 것은 끝이 없는 일입니다. 왜냐하면 상처받는 것 자체가 죄에서 나오는 것이기 때문입니다. 위로받고 좀 소생하면 또 다른 환경을 만나면 또 상처 입고 또 또 또… 자기 자신을 너무 사랑해서 나오는 많은 문제들, 이 모든 것도 죄의 문제를 해결하면 다 해결되는 문제입니다. 그래서 죄가 뭔지 알아야 합니다.

유대인들은 율법을 잘 알았습니다. 그들은 율법을 손목에 매고 다니고 이마에 붙이고 다녔다고 성경에 나와 있습니다. 어릴 때부터 율법을 배우고 교육을 받았습니다. 그들은 삶의 환경이, 어릴 때부터 하나님 앞에서의 삶을 살았기 때문에 이방인들과는 좀 달랐을 것이라는 생각을 합니다. 사도 바울은 자신을 율법으로는 흠이 없다고 고백했었습니다.

"율법의 의로는 흠이 없는 자라"(빌 3:6)

우리도 예전의 유대인들처럼 지금 하나님 앞에서의 삶을 살고 있습니다. 우리는 먼저 하나님의 말씀을 통해서 죄가 뭔지 알아야 하고 율법도 잘 알아야 합니다. 또한 죄의 기준이 세밀해야 합니다. 죄 하면 도둑질하고 강도짓하고… 그런 것만 죄가 아니니까요. 오히려 죄의 기준을 율법보다 더 강한 사랑의 법으로 기준을 삼아야 합니다. 왜냐하면 시대가 바뀌었습니다. 지금은 구약시대가 아니며 우리는 예수님이 오신 후에 살고 있는 사람들이니까 예수님의 말씀이 기준이 되어야 합니다. 제 생각으로는 예수님이 공생애를 사신 3년 동안 사복음서에 기록된 말씀도 우리의 잣대가 된다고 생각합니다.

> "예수께서 이르시되 네 마음을 다하고 목숨을 다하고 뜻을 다하여 주 너희 하나님을 사랑하라 하셨으니 이것이 크고 첫째 되는 계명이요 둘째도 그와 같으니 네 이웃을 네 자신 같이 사랑하라 하셨으니 이 두 계명이 온 율법과 선지자의 강령이니라"(마 22:37-40)

남의 유익보다는 내 유익을 추구하고, 거짓말하는 것, 자랑하는 것, 변명하는 것, 남을 무시하는 것, 내 이웃을 내 몸처럼 사랑하지 않는 것 등등 엄청나게 많습니다. 하나님의 성품의 기준에 걸려들지 않을 사람이 없습니다. 그리고 신앙의 목표를 예수님의 말씀으로 삼게 되면 시간이 갈수록 죄의 기준이 점점 세밀하게 인식되는데 결국은 죄로 인해 오는 고통이 어떤 것인지 그것이 지옥이라는 것을 깨닫게 됩니다. 말하는 것, 생각하는 것, 행동하는 것 모두 죄에 묻혀있는 나를 보게 됩니다.

여기에서 특별히 하고 싶은 말은 죄를 보는 과정에서 죄가 심히 죄 되는 것을 깨닫는 때가 온다고 말하고 싶습니다. 예를 들어 간단히 보이는 미움도, 서운함도 모두 죄로 인정됩니다.

"오직 죄가 죄로 드러나기 위하여 선한 그것으로 말미암아 나를 죽게 만들었으니 이는 계명으로 말미암아 죄로 심히 죄 되게 하려 함이라"(롬 7:13)

이렇게 한 번 한 사소한 잘못도 크게 다가오는, 죄가 심히 죄 되는 과정이 오면 그때부터는 점점 모든 죄나 잘못도 크게 느껴지는데 그래야 작은 미움도 살인죄와 같다는 것을 확실히 인정하게 된다고 말할 수 있겠습니다. 그렇게 아주 작아 보이는 죄도 엄청나게 큰 죄로 인정되어야 죄로 물들어진 사망의 늪을 보게 되고 죄에 갇혀 있는 자신의 실상을 인정하게 됩니다.

그래야 자유함이 오면 죄의 해방감이 어떤 것인지, 자유가 무엇인지 실감이 납니다.

●

죄와의 싸움

그리고 그 과정 속에서 죄가 드러날 때 우리는 죄와 싸워야 합니다. 그냥 두리뭉실 싸우는 것이 아니라 결단하고 싸워야 합니다.

"너희가 죄와 싸우되 아직 피 흘리기까지는 대항하지 아니하고"(히 12:4)

그러나 항상 피 흘리도록 싸우는 것은 아닙니다. 그런 과정이 우리에게 필요합니다. 죄와 피 흘리기까지 싸우는 것이 우리의 목표는 아닙니다. 자유함으로 가는 필수 과정입니다. 그리고 이 싸움은 이겨놓은 싸움입니다. 그런데 법적으로는 이겨놓은 싸움인데 이 과정을 가다 보면 실제로는 매번 내가 집니다. 속이 터집니다. 좌절을 느낍니다. 하나님을 사랑한다고 하는 내가 이렇게 밖에 못 사는데 내가 그리스도인이 맞나? 하면서 때로는 살맛도 없어집니다. 그러나 이 과정은 나중에 완전한 자유를 누리는 데 큰 재목이 됩니다.

"죄인 중에 내가 괴수니라"(딤전 1:15)

라고 말한 사도바울 같은 고백이 우리에게도 나옵니다.

예를 들어 험악한 살인을 저지른, 방송에 크게 대서특필된 살인자를 볼 때 손가락질하고 수군거리고 욕하는 대상이 아니고, 그 사람을 나와 다른 사람이라고 구별지어 놓거나 정죄하지 않고, 내가 함께 오버랩되면서 그 사람과 나를 동등한 위치에 놓고 나도 환경만 달랐다면 그 살인자와 별반 차이가 없는 사람이라는 것을 인정하고 겸손한 마음으로 예수님 앞에 무릎 꿇을 수 있어야 합니다.

우리는 나 자신의 죄 된 모습을 통해서 괴수뿐 아니라 무저갱을 보아야 하고 지옥을 보아야 하고 한 저주받은 인간의 실체를 보아야 합니다. 누구나 다 볼 수 있습니다.

매순간 자기의 생각하는 것, 말하는 것, 행동이 다 체크가 됩니다. 죄를 이길 힘은 없지만 하나님의 거룩함을 사모하는 모든 자가 가는 길입니다. 이건 내가 노력해서 보이는 게 아니고 우리의 양심이 점점 더 살아나기 때문에 자동으로 체크가 되는 것입니다.

이렇게 자신의 죄 된 모습이 보이다보이다 선하게 살고자 하는 마음은 있지만 온통 죄에 둘러싸여 있는 자신의 실상을 보게 되면.

"그러므로 내가 한 법을 깨달았노니 곧 선을 행하기 원하는 나에게 악이 함께 있는 것이로다"(롬 7:21)

"오호라 나는 곤고한 사람이로다 이 사망의 몸에서 누가 나를 건져내랴"
(롬 7:24)

라는 고백을 하게 됩니다. (죄가 보이기 시작하는 초기부터도 이 고백을 할 수도 있습니다. 저도 그랬습니다.)

●

죄를 이길 수 없는 나, 하나님, 예수님과의 삼각관계

결국 우리가 깨닫는 것은 무엇일까요? 지금까지의 죄를 보는 과정을 통해서 나는 죄를 이길 힘이 없는 인간이라는 것을 깨닫게 됩니다. 맞습니다. 우리는 죄를 이길 힘이 없습니다. 이것이 육을 가진 인간의 속성이자 한계입니다. 하나님은 알고 계셨었지만 우리는 몰랐었습니다. 죽을 힘을 내면서라도 노력하면 선하게 사는 사람이 될 줄 알았습니다. 그런데 그것이 아니라는 것을 깨닫게 됩니다.

"내 속 곧 내 육신에 선한 것이 거하지 아니하는 줄을 아노니 원함은 내게 있으나 선을 행하는 것은 없노라"(롬 7:18)

인간은 '전적타락', '전적부패'라는 말이 그대로 와 닿습니다. 소생할 수 없는 것이 인정됩니다. 모든 힘이 빠집니다. 조금이나마 기대했던 자신의 의를 완전히 내려놓게 됩니다. 그때에 나는 여전히 하나님을 바라봅니다. 하나님은 여전히 그 자리에 계십니다. 하나님과 예수님과 나와의 삼각관계가 성립되는데 하나님을 바라보면 죄로 인해 괴로워하는 나에게 '너는 의롭다, 깨끗하다'입니다.

하나님은 늘 우리에게 그렇게 말씀하십니다. 내가 어떻게 깨끗할 수 있는가? 죄의 뿌리까지 다 보이는데… 생각하면서 십자가의 예수님을 바라보니 여전히 십자가에 못 박혀 계신 예수님은 "내가 너의 모든 죄, 모든 저주를 다 짊어지고 이렇게 십자가에서 죽었다. 나한테와서 숨어, 나는 너의 피난처야"라고 하시는데 이것을 종합해 보면, '아하, 나는 감당할 길 없는 죄인인데도 불구하고 예수님이 십자가에서 내 죄를 모두 짊어지시고 속량하시고 죽으셨기에 나에게 깨끗하다고 선포하시는 하나님, 나를 보시고 말씀하는 것이 아니라 예수님을 보시고 나를 깨끗하다고 하시는구나,' 내 모습 있는 그대로를 원하시는 하나님, 나에게 선한 것을 요구하지 않으시는 하나님이 이해가 되며, 그제서야 안도하고 엄청난 죄(과거·현재·미래의 모든 죄, 뿌리까지 깊게 썩은 나의 죄)를 탕감 받은 나는 주님의 십자가에 함께 나를 기꺼이 포갤 수 있습니다. 하나님의 구원을 아낌없이 받아들이게 되는 것입니다. 그때에 하는 고백이

"우리 주 예수 그리스도로 말미암아 하나님께 감사하리로다 그런즉 내 자신이 마음으로는 하나님의 법을 육신으로는 죄의 법을 섬기노라 그러므로 이제 그리스도 예수 안에 있는 자에게는 결코 정죄함이 없나니"(롬 7:25-8:1)

하면서 진정한 죄에서부터의 자유, 율법의 정죄로부터의 자유, 심판으로부터의 자유를 얻는 것입니다. 찔끔찔끔 오는 자유가 아니고 참 자유가 옵니다. 참 자유가 오면 싸우는 방법이 달라집니다. 그리고

죄와 싸울 때나, 죄와 싸울 필요가 없을 때나 우리는 성장합니다. 주님 앞에 서는 날까지 우리는 계속 성장합니다.

결론을 말하자면 죄를 완전히 버릴 수는 없습니다. 인간인지라… 그러나 날아갈 것 같습니다. 왜요? 자유하니까요, 하나님의 인간을 향한 구원의 깊으신 뜻과 경륜이 완벽하다고 고백할 수 있습니다. 하나님께 박수를 보내게 됩니다.(이런 예를 들어 죄송합니다만 세상 법정에서 연쇄살인을 저지른 흉악범에게 판사가 무죄를 선고하면 무죄를 선고받은 흉악범의 입장에서는 쾌재를 부르며 판사에게 박수 쳐 드릴 것입니다. 그러나 주위의 많은 사람들이 그 판결을 보며 욕을 하더라도 그 당사자 죄인 만큼은 판사에게 경의를 표하며 엄청난 환희와 해방감을 느끼겠지요)

"일한 것이 없이 하나님께 의로 여기심을 받는 사람의 복에 대하여 다윗이 말한 바 불법이 사함을 받고 죄가 가리어짐을 받는 사람들은 복이 있고 주께서 그 죄를 인정하지 아니하실 사람은 복이 있도다"(롬 4:6-8)

자유함을 누리는 사람은 혹 죄가 드러날지라도 두려움이 없습니다. 죄 가운데 있는 내 자신이 한없이 안타깝고 마음 아프지만, 이 아픔은 나의 연약함을 인정하고 보는 아픔인지라 자신을 긍휼로 바라보는 상태, 죄를 고백하며 죄는 미워하되, 나 자신은 미워하지 않는 상태가 됩니다.

그리고 허물진 자신이지만 자신을 긍휼히 여길 줄 알고, 자신을 용서할 줄도 알고, 자신의 있는 모습 그대로를 사랑하게 됩니다. 그냥 타고난 성품이 착해서 타인을 사랑하는 것이 아니라 이런 과정 속에서 자신을 사랑하는 사람이 다른 사람도 사랑할 수 있습니다.

제 개인적인 생각으로는 꼭 그렇다고 할 수는 없겠으나, 보편적으로 타고난 성품이 착하고, 인정 많고, 베풀기 좋아하고, 남을 이해하기가 그래도 남들보다 쉽고, 인간성 좋다고 대내외적으로 평판이 좋은 사람들, 여러모로 좋은 환경에서 넉넉하게 사는 분들은, 어떤 면에서는 불행한 사람이라고 말하고 싶습니다. 물론 이런 분들을 가까이 두고 있는 교회와 이웃에게는 유익을 주지만, 정작 본인은 은혜 받기가 그리 쉽지 않은데, 날마다 들리는 소리가 칭찬뿐이기 때문에, 그 주위의 칭찬이 자신의 실질적인 모습이라고 착각할 수가 있으며, 정말 자기 자신이 십자가의 은혜가 필요한지를 크게 느끼지 못할 수도 있습니다. 그러나 꼭 그런 것은 아니며, 대부분이 그렇다고 생각합니다.

예수님은 어느 한 부자를 보고

"낙타가 바늘귀로 들어가는 것이 부자가 하나님의 나라에 들어가는 것보다 쉬우니라"(눅 18:25)

라고 말씀하셨는데, 그때에 제자들이

"그런즉 누가 구원을 얻을 수 있나이까"(눅 18:26)

그럴 때에 예수님이 "이르시되 무릇 사람이 할 수 없는 것을 하나님은 하실 수 있느니라"(27절)고 말씀하셨습니다.

누구든지 은혜를 사모하고 하나님께 간절한 소망으로 기도하면 하나님이 주시는 은혜 속에서 자신의 실제 모습을 발견하는 길이 열릴 거라고 생각됩니다.

결국 죄에 대하여 사탄에 대하여 율법에 대하여 완전한 자유를 얻는 것은, 구원받은 즉시가 아니라, 죄가 뭔지 알고, 죄와 싸우면서 선하게 살기 위해 노력해본 후에, 인간은 아무리 노력해도 선할 수 없다는 결론이 주어진 후에 참 자유가 온다고 말할 수 있겠습니다.

"내 속 곧 내 육신에 선한 것이 거하지 아니하는 줄을 아노니 원함은 내게 있으나 선을 행하는 것은 없노라"(롬 7:18)

자유하지 못했을 때 걸리적거리고 무거운 짐이었던 율법이 이제는 우리의 친구가 됩니다. 율법은 하나님의 성품으로서 그 율법이 있었기에 우리는 예수님을 만날 수 있었고 내가 죄인인 것을 깨닫게 되었습니다.

그리고 시편의 고백처럼

"복 있는 사람은… 오직 여호와의 율법을 즐거워하여 그의 율법을 주야로 묵상하는도다"(시 1:1-2)

라는 고백이 나의 고백이 되고, 시편기자의 고백에 나를 함께 실어 올립니다. 저도 이 고백을 30대 중반 쯤에 율법의 주인이신 하나님이 너무 좋아서, 특히 율법을 만드시고 정직과 진실을 우리에게 알려주신 하나님은 어떤 분일까? 그래서 매력이 넘치시는 그 하나님을 너무 좋아해서 그분을 크게 존경할 때에(물론 지금도 존경합니다만), 그 좋아함은 말로 표현할 길 없는 아주 애틋한 관계일 때에, 하나님 생각만 해도, 하나님 이름만 불러도, 몸속의 오장육부가 다 녹는 듯한 전율을 느낄 때에, 자주 고백했던 성경구절이었는데 온전한 자유가 온 후에 그 의미가 새로워졌음을 알립니다.

혹시, 위에 쓴 글 "율법을 너무 좋아했다"는 말에 의아심이 드는 분도 있으실 것 같아 설명을 드리자면, 저는 젊었을 때 은혜받기 시작한 초에 율법의 의미가 좀 다르게 다가온 적이 있었습니다. 율법의 창시자는 하나님이시잖아요, 율법을 읽다 보면 그 법을 주신 분의 의도와 성품을 알 수 있어서 율법을 통해 하나님을 알아가기도 했고, 그 율법의 오묘함과 뜻이 신기하기도 했고, 그래서 정직하시고 진실하신 하나님이 너무 신기했고, 율법을 읽을 때 하나님을 대신 만나는 것 같은 친밀감이 있었습니다. 그 당시의 감정을 적은 글입니다.

●
성화의 실체는 사랑의 법으로

제가 지금까지 십자가의 사랑과 자유함에 대하여 말씀을 했다면 이제는 잠시 성화에 대한 말씀을 해보려 합니다. 완전한 자유를 누리고 나서 몇 년간은 그 감격이 커서 매일 자유함만 생각하고, 다 이룬 것 같은 착각에 빠지기도 했으나 성령께서 성화의 길을 알게 하시고, 더 갈 길이 멀다는 것을 깨닫게 하셨습니다.

그러니까 자유함을 누리는 자는 여기가 좋사오니 하며 거기에 안주하지 말아야 하며 사랑의 법으로 천국까지 성화를 이루어 가는 길이 남아 있다고 생각합니다.

성화의 기초가 구원, 죄, 용서, 회개, 자유함이라면 자유함 이후에는 성화의 길이 계속 기다리고 있는데 그것은 사랑의 법으로 가며 사랑으로 이루어간다고 말씀드리고 싶습니다. 그것을 구체적으로 말한다면 보이는 하나님, 즉 예수님을 말하는 것이고

"예수께서 이르시되 빌립아 내가 이렇게 오래 너희와 함께 있으되 네가 나를 알지 못하느냐 나를 본 자는 아버지를 보았거늘 어찌하여 아버지를 보이라 하느냐"(요 14:9)

다시 말해서 사복음서에 나오는 예수님의 말씀이 우리의 삶에 적용되는 것이 성화입니다. 다만 자유함 이후에 성화는 망망대해에서 그 어느 것에도 걸리적거리지 않고 자유롭게 헤엄치며 나아가는 상태일 것입니다.

또 자유함과 성화는 둘이 이어지는 연결 관계지만 이 둘의 관계는 엄청난 차이가 있다고 생각합니다.

이 둘의 관계는 율법과 사랑의 관계라고도 말할 수 있으며 율법을 통해 오는 자유함을 지구로 표현한다면, 성화는 우주(무한대)라고 표현하고 싶고 율법이 죄를 깨닫고 예수그리스도를 만나서 자유를 누리는 것이라면 사랑은 하나님 자신이며 모든 것을 품을 수 있는 완전한 것이라고 말할 수 있겠습니다. 성화는 사랑의 힘으로 완성되며 천국 갈 때까지 이루어가는 것입니다.

"우리가 지금은 거울로 보는 것 같이 희미하나 그때에는 얼굴과 얼굴을 대하여 볼 것이요 지금은 내가 부분적으로 아나 그때에는 주께서 나를 아신 것 같이 내가 온전히 알리라 그런즉 믿음, 소망, 사랑, 이 세 가지는 항상

있을 것인데 그중의 제일은 사랑이라"_(고전 13:12,13)

저는 이 성화의 길에서는 어린아이입니다. 그래서 저는 갈 길이 아주 멉니다….

그래서 이 부분을 자신 있게 쓰지 못하는 점 이해해주시기를 바랍니다.

●

푯대를 향하여

아직 남아 있는 죄의 성품이 있을지라도 자유함 속에서 성화를 이루며, 마지막에 주님 앞에 서는 날을 고대하며 바울의 고백처럼 오직 앞만 보고 가는 것입니다. 아무쪼록 우리 그리스도인들의 인생에 그리스도 안에서의 참 자유함으로 후회 없는 성장을 이루어가시기를 소망합니다.

"형제들아 나는 아직 내가 잡을 줄로 여기지 아니하고 오직 한 일 즉 뒤에 있는 것은 잊어버리고 앞에 있는 것을 잡으려고 푯대를 향하여 그리스도 예수 안에서 하나님이 위에서 부르신 부름의 상을 위하여 달려가노라"

(빌 3:13–14)

●

이 글을 읽고 난 분들께 추가로 드리고 싶은 말씀

혹시 이글을 읽고 나신 후에 '이렇게 신앙생활이 어려워? 나는 못하겠네.' 하시는 분들이 있을까요? 전혀 그렇지 않습니다. 저는 이 길을 오랫동안 가긴 했지만(30년 가까이) 쉽게 갔습니다. 예수 그리스도를 목표로 설정만 해 놓으면 성령님이 이끌어 가시기 때문에 영적 싸움이 너무 재미있고 쉽습니다. 사실 저는 완전한 자유를 누리는 것이 뭔지 몰랐습니다. 안 가봤으니까요 그리고 누가 먼저 깨달았다고 가르쳐주는 사람이 있는 것도 아니구요.

복음을 알고 난 후 죄가 보이기 시작했지만, 어느 정도 자유한 삶을 살았기 때문에, 그리 어렵지 않았습니다. 죄가 드러나서 울고불고 할 때에도 속으로는 너무 시원했습니다. 그때가 예수님을 만나는 시간이었기 때문입니다. 그리고 나같은 강퍅한 죄인이 자신의 죄를 보고 울 수 있다는 것이 얼마나 신기하고 고마웠겠습니까만, 그냥 그렇게 살면 되는 줄 알았습니다. 그래서 저는 30여 년이 걸렸습니다. 그러나 개인에 따라서 몇 년 안 걸리고 가는 분들도 있을 것이라 생각합니다. 완전한 자유는 하나님의 은혜를 사모하면서 죄만 싫어하면 됩니다. 그래서 내 안에 묻혀있는 영적 자유에 대한 갈망을 다시 이끌어 내면 좋겠습니다. 누구든지 포기하지 말고 꼭 이 길을 걸어가시면 좋겠습니다.

또 한 가지 드릴 말씀은 위의 내용 중간 중간에 성경구절을 고백하는 내용이 들어있습니다. 그런데 꼭 그 상황 그 단계에서만 고백하는 것이 아니고, 신앙생활을 하는 초기부터도 또 중간에도 계속하는 고백들이며, 수십 수백 수천 번씩 하는 고백들입니다. 그러나 같은 말씀이라도 신앙의 단계에 따라 고백의 차원은 다를 수 있다고 말씀드릴 수 있겠습니다.

한 가지 더 드릴 말씀은 신앙인들 중에 자신의 죄를 보고 회개하며 가는 길에서 내가 얼마나 죄인인 줄을 확인하며 가는데, 많은 분들이 어느 날 갑자기 말씀을 듣거나 읽는 중에 아니면 기도 중에, 성령의 인도하심으로 충격적인 자신의 죄 된 모습을 보는 경우가 있습니다. 그러니까 자기가 현재 한 말이나 생각들이 매 순간 잡히는 게 아니라, 온몸이 죄로 둘러싸여 있다든가, 아니면 죄 덩어리인 자신을 본다든가, 아니면 평생의 죄가 파노라마처럼 보였다든가 해서, 큰 충격과 함께 회개를 하며 회심하는 경우가 있습니다. 그러나 그런 상황에 있는 것은 엄청난 행운이고, 모든 분들이 체험하는 것이 아닌 특별 은혜이기는 하지만, 이런 체험을 했다고 해서 평소에는 죄를 봐도 무시하거나 그냥 통과하시면 안 됩니다. 그런 체험은 강하게는 왔지만 일시적인 것이고 계속 우리는 자신의 현재의 말이나 생각의 죄악 됨(연약함, 무지 교만 등등…)을 구체적으로 봐야 하고 주님 앞에 가는 날까지 우리의 죄 된 모습을 봐야 한다고 말하고 싶습니다.

마지막으로 신앙생활을 하는 분들 중에 사명을 잘 감당하고 계시는 분들이 많습니다. 교회에서 직분을 가지신 분들이나 사역자분들일 텐데요.

지금까지 주의 일을 위해서 수고 많이 하셨고, 평생 몸 바쳐, 마음 바쳐 또한 물질 다해 교회와 성도들을 위해 많은 수고를 하셨고, 또 지금도 그 길을 묵묵히 걸어가시는 분들이 사역자를 비롯한 섬김이들이라고 생각합니다.

그런 분들이 혹 사명 감당을 위해서 헌신하는 모든 것들을 영성관리라고 생각하실 수도 있습니다. 그런데 내 신앙을 챙기는 것과 다른 사람의 신앙을 챙기는 것은 다른 이야기입니다.

내가 다른 사람의 신앙을 챙기는 것은 사명의 문제입니다. 사명이 곧 자기의 신앙이라고 볼 수는 없습니다. 그렇지만 우리는 사역이나 섬김을 감당하는 중에도 자신의 모나고 죄 된 요소들이 드러날 때 미어지는 아픔과 회개를 통해서 연약함과 죄를 깨닫게 되는데, 그래서 사명을 감당하면서 변화되기도 하므로 사명 감당이 영적 성장의 간접적인 동력이 된다고 생각됩니다. 그러나 본질을 중요시하며 사명을 감당하게 되면 더 귀한 섬김이나 사역이 될 줄로 믿습니다. 하나님의 은혜를 폭넓게, 그리고 깊이 있게 누려야 하고, 신앙의 성장이 있어야 합니다. 마태복음에서 예수님이 이렇게 말씀하십니다.

"그날에 많은 사람이 나더러 이르되 주여 주여 우리가 주의 이름으로 선지자 노릇하며 주의 이름으로 귀신을 쫓아내며 주의 이름으로 많은 권능을 행하지 아니하였나이까 하리니 그때에 내가 그들에게 밝히 말하되 내가 너희를 도무지 알지 못하니 불법을 행하는 자들아 내게서 떠나가라 하리라"(마 7:22, 23)

"만일 누구든지 금이나 은이나 보석이나 나무나 풀이나 짚으로 이 터 위에 세우면 각 사람의 공적이 나타날 터인데 그날이 공적을 밝히리니 이는 불로 나타내고 그 불이 각 사람의 공적이 어떠한 것을 시험할 것임이라 만일 누구든지 그 위에 세운 공적이 그대로 있으면 상을 받고 누구든지 그 공적이 불타면 해를 받으리니 그러나 자신은 구원을 받되 불 가운데서 받은 것 같으리라"(고전 3:12–15)

그러므로 우리는 주의 일을 하고 사명을 감당하는 과정뿐 아니라 우리의 주어진 24시간 속의 모든 일들이 영적 성장의 밑걸음이 되면 좋겠습니다. 그리고 바쁜 삶이지만 항상 자기를 돌아보고 자기의 신앙(영적 성장)을 챙기면 좋겠습니다.

그러면 충성한 자에게 주시겠다고 약속하신 생명의 면류관의 상급이 주어질 것이라고 생각됩니다.

"네가 죽도록 충성하라 그리하면 내가 생명의 관을 네게 주리라"

(계 2:10 하)

이 글을 끝까지 읽으시느라 수고하셨습니다. 아무쪼록 글을 읽으시는 모든 분들이 성령의 감동과 인도하심으로 그리스도 안에서의 완전한 참 자유를 경험하시기를 기도드립니다. 할렐루야!

소외된 외로운 복음

그리스도인의
완전한 자유